MINERVA
人文・社会科学叢書
162

第一次世界大戦期のイラン金融
―中東経済の成立―

水田 正史 著

ミネルヴァ書房

　　　　　　はしがき

　本書は，第一次世界大戦期のイランの金融の本質を究明することを目的とするものである。イランでは19世紀末，イギリスとロシアがそれぞれイランに銀行をつくり（ペルシャ帝国銀行とペルシャ割引貸付銀行）それらを政治的・経済的道具として使ってイランへの帝国主義的浸透を行なった。この点については［Ананьич］，［Jones］，［Kazamzadeh］，［McLean］といったすぐれた研究が存在するし，邦語では不十分ながら拙著［水田］が存在するが，それらは，［Jones］を除いて第一次世界大戦勃発前までしか取り扱っていない。［Jones］にしてもたとえば，ペルシャ割引貸付銀行への言及が少ないことにみられるように，この時期の金融全体を扱っているわけではない。
　また，第一次世界大戦期のイランを包括的に概観したものとして［Atabaki］，［Bast］，［Majd］，［Olson］，［Simkin］といった研究があるが，これらの多くは金融についての言及がほとんどない。［Olson］と［Simkin］が金融についてそれなりの言及をしているが，それは，この時期のイランの金融の全体像を明らかにしようとするものとはなっていない。
　このように，第一次世界大戦期のイランの金融についての研究はきわめて手薄なのである。そしてこのことは，今日の中東問題とその起点をなす中東生成の問題を理解することを大きく妨げているのではないかと思われる。今日の中東の諸問題は基本的に第一次世界大戦期に淵源があると言われている。パレスティナ問題がそうであるし，イラク国家の成立の問題にしてもそうである。このようなことは，中東問題の歴史を論じる場合の常識として知られていることであるが，この常識的議論はオスマン＝トルコ帝国の解体という点に空間的・文脈的に限定されることが一般的である。たとえば，［Fromkin］がそうである。同書はイランにも言及しているが，議論の主要対象地域はあくまでもオスマン＝トルコ帝国領である。このような枠組設定は決して間違っているわけで

i

はない。だが，このような設定以外の設定の仕方もあるのではないか，と筆者は考える。たとえば，イランを然るべく視野に入れないことは大きな欠落を意味するのではなかろうか。このことは，イランが「イギリス（領インド）およびロシア（革命）と接する中東」であり，「ドイツのインドへの道，トルコのトルキスタンへの道」であることを指摘するだけである程度了解されるであろう。

このように，第一次世界大戦期のイランの金融の本質究明を目的とする本書は，中東生成の問題の解明を深化・精緻化しようとする試みでもある（このためにアラブ地域の金融などにも言及することになった）。

本書を構成する諸章の大部分はすでに論文や研究ノートの形で発表したものである。初出一覧を以下に掲げておく。

序章，書き下ろし。
第1章，「第1次世界大戦勃発時のイラン──諸外国による支配の諸態様」『イラン研究』第3号，2007年，208～231ページ（第3節は書き下ろし）。
第2章，「トルコ分割とイラン再分割──1915年の西南アジア」『地域と社会』第11号，2008年，125～142ページ。
第3章，「第1次世界大戦と西南アジアの混沌──1916～17年」『大阪商業大学論集』第145号，2007年，49～62ページ。
第4章，「西暦1915年のイランの財政・金融」『イラン研究』第1号，2005年，135～157ページ。
第5章，書き下ろし。
第6章，「第1次世界大戦期におけるアラブ国家形成の胎動とその資金的中核」『大阪商業大学論集』第141号，2006年，1～12ページ。
第7章，「第1次世界大戦期におけるヒジャーズ国立銀行設立問題」『大阪商業大学論集』第147号，2008年，33～45ページ。
終章，「第1次世界大戦の終結と中東の生成」『大阪商業大学論集』第149号，2008年，21～30ページ。

はしがき

　本書は平成16年度三菱財団人文科学研究助成および平成18～21年度の日本学術振興会科学研究費補助金（課題番号18530271）による研究成果の一部である。関係各位に謝意を表するものである。

　最後になったが，学術書の出版がきわめて困難な条件下にあるにもかかわらず，このように本書を評価し出版を快く引き受けてくださったミネルヴァ書房の杉田啓三社長と編集を担当していただいた堀川健太郎氏と柿山真紀氏に心から御礼申し上げる。

　2010年3月

水　田　正　史

本書を入江節次郎先生に捧げる

第一次世界大戦期のイラン金融
―― 中東経済の成立 ――

目 次

はしがき ··· i

序章　中東経済成立にいたる世界金融 ·· 1
　1　諸外国による支配 ·· 1
　　（1）英露独の進出　1
　　（2）エスファハーン地方の2つの勢力と矛盾　2
　　（3）諸外国の支配の態様　3
　2　中立国イランの実際 ·· 4
　　（1）アラビアの3部族　4
　　（2）ロシアの傀儡，ショジャーオッドウレ　5
　　（3）ペルシャ湾岸地域におけるイギリスの関心　6
　3　中立圏の解消と参戦 ·· 7
　　（1）イギリス人コックスと「メッカの沈黙」　7
　　（2）同盟側の優勢とイラン参戦　8
　　（3）親協商政権の発足　10
　　（4）メソポタミアの戦況　11
　4　アラブの反乱 ··· 11
　　（1）ヒジャーズの王　11
　　（2）アブドゥルアズィーズとイギリス　12
　　（3）クウェートの調停　13
　5　財政の危機 ·· 14
　　（1）ゆれる内閣と財政　14
　　（2）金融的支援　15
　　（3）組閣への道のり　16
　　（4）帝国銀行の信用回復　17
　6　金融業の再編 ··· 19
　　（1）同盟側の資金調達　19
　　（2）ヒジャーズの新銀行設立へ　20
　　（3）ゲラトリー＝ハンキー商会　21

目　次

7　戦争の終結と中東経済 …………………………………………… 23
　　（1）バクダードからカスピ海への連絡路　23
　　（2）終結への動き　24
　　（3）イランの独立と中東経済の成立　26

第1章　諸外国によるイラン支配の諸態様
　　　　　　――イラン駐在イギリス公使の機密文書から ………… 29

1　戦前との違い ……………………………………………………… 29
2　開戦直後のイラン ………………………………………………… 30
　　（1）第一次世界大戦勃発とイラン　30
　　（2）ロシアの北部支配　31
　　（3）南部へのイギリスの非軍事的・非植民的浸透　37
　　（4）トルコの戦争準備　39
　　（5）中部におけるドイツ　40
3　「エスファハーンで世界は半分」……………………………… 40
　　（1）総督対ロシア　40
　　（2）英露協商とその矛盾　41
　　（3）ロシア系銀行による有力王族の資産管理　42
　　（4）ドイツ，ロシアの非植民的進出　43
　　（5）国家内部の国家と諸帝国　44
　　（6）栄華の都に映ずる二分された世界　46
4　「侵害される前に侵害されていた」中立 …………………… 47
　　（1）中立宣言と戦場化　47
　　（2）ロシア，トルコ間の衝突と汎トルコ主義　48
　　（3）トルコの東方へのベクトル　49
　　（4）アラビア半島の諸勢力　50
　　（5）ロシアのプレゼンスとイランの中立　51

第2章　トルコ分割とイラン再分割——1915年の西南アジア……55
1 ジャンダルメリー……55
　（1）ドイツの工作員　55
　（2）スウェーデン軍による教育　56
2 ペルシャ湾とその奥……59
　（1）石　油　59
　（2）イギリスにとってのメソポタミアの泥沼化　59
　（3）ブーシェフル　60
3 「インドへの道」とインド防衛……61
4 コンスタンティノープル協定……63
5 アラブ諸勢力の親イギリス色鮮明化……66
　（1）イギリスのP. Z. コックス　66
　（2）メッカの沈黙　67
　（3）イギリス＝アブドゥルアズィーズ間条約締結　69
6 イランの混沌……71
　（1）イランにおける同盟側の攻勢　71
　（2）イギリス，ロシアのイランへの金融的挺入れ　71
　（3）モハージェラート　72

第3章　大戦とアラブの混沌——1916 - 17年……77
1 イギリス外交文書（*PGAR*，*PGHS*，*IPD*）……77
2 協商側の戦後構想と「アラブの反乱」……78
　（1）南ペルシャ＝ライフル隊と混合金融委員会　78
　（2）クートルアマーラ陥落とバグダード　79
　（3）コーカサス戦線　80
　（4）サイクス＝ピコ協定　80
　（5）「アラブの反乱」の矛盾　81
　（6）同盟者としての重要性　82
　（7）イギリスによる関係改善の働きかけ　83

（8）「アラブ人たちの王」宣言　*84*
　3　クウェート＝ダルバールの世界史的意義………………………*85*
　　（1）クウェート＝ダルバール　*85*
　　（2）クウェートの繁栄とその原因としての交易　*86*
　　（3）繁栄，経済封鎖，親イギリス感情　*86*
　　（4）イギリスとアブドゥルアズィーズの禁輸措置　*87*
　　（5）クウェート＝ダルバールの世界史的意義　*88*
　4　戦争の混沌と革命の混沌……………………………………*91*
　　（1）対アブドゥルアズィーズ助成金の不足　*91*
　　（2）協商側優勢からロシア革命へ　*92*

第4章　イラン財政・金融の危機──1915年を中心に…………*97*
　1　イギリス外交文書（*IPD*）……………………………………*97*
　2　財政危機と支払猶予…………………………………………*98*
　　（1）借款供与と中立維持　*98*
　　（2）借款供与から支払猶予へ　*100*
　　（3）国庫に収められない内国税　*101*
　　（4）1915年3月末における対外債務　*102*
　3　銀の不足と外国銀行の危機…………………………………*105*
　　（1）銀行危機と権力の空白　*105*
　　（2）宰相候補の危機認識　*106*
　　（3）宰相選びのその後のプロセス　*107*
　　（4）権力中枢の編成の態様　*110*
　　（5）イギリスとイランの金融システムへの攻撃　*110*
　　（6）銀支払再開へのイギリスの保証　*112*
　　（7）危機の本質　*113*
　　（8）ペルシャ帝国銀行券額面割れ　*116*

第5章　為替危機とペルシャ帝国銀行……………………………119
　1　為替危機とイギリス，ロシア……………………………119
　　（1）イラン通貨の為替相場の上昇　119
　　（2）イランへの銀地金輸入増による貨幣供給増　120
　　（3）ロシアで造幣されたイラン＝コインの輸入　121
　2　イギリス帝国のエージェント，ペルシャ帝国銀行……………122
　3　同盟側の資金調達………………………………………124

第6章　アラブ国家形成の胎動とその資金的中核……………129
　1　イギリス外交文書（RH）………………………………129
　2　国家形成と銀行形成……………………………………130
　3　引き裂かれたアイデンティティーと「世界市民的金融」………132
　4　帝国オスマン銀行の法的性格と新銀行設立案…………133
　5　エジプト国民銀行ヒジャーズ進出案……………………136
　6　バンカーとシャリーフ……………………………………138
　7　正金業務と海運会社……………………………………140
　8　シャリーフ国家形成の中核としてのイギリス資金…………141

第7章　ヒジャーズ国立銀行設立問題……………………………145
　1　ジッダ支店の引き継ぎ……………………………………145
　2　ロイズ銀行，エジプト高等弁務官，ヒジャーズ国立銀行………147
　3　ヒジャーズ国立銀行創設…………………………………148
　4　帝国オスマン銀行ジッダ支店清算………………………151
　5　ヒジャーズ国立銀行設立計画の立ち消え…………………152
　6　金輸出入の集中とエジプト国民銀行……………………153
　7　金銀の不足…………………………………………………154
　8　ヒジャーズへのイギリス，フランスの金の注入……………157

終章　大戦の終結と中東の生成 …………………………………… *161*
　　1　三月革命とイランにおける力の空白 ………………………… *161*
　　2　反イギリス感情の高揚と南イランの危機 …………………… *162*
　　3　世界大戦の焦点としてのイラン ……………………………… *163*
　　4　英露協商，南ペルシャ＝ライフル隊，イランの独立 ……… *165*
　　5　大戦終結後も終わらなかった戦争 …………………………… *167*
　　6　ヒジャーズ助成金と「ペルシャ助成金」…………………… *169*

参考文献　*171*
索　　引　*175*

図1 アラビア半島の諸地方

（出所）［Brice］p. 45 と［長沢］463ページによって作成。

図2 イギリス，ロシアによるイラン分割

(凡例)　露1：1907年英露協商のロシア勢力圏
　　　　英1：1907年英露協商のイギリス勢力圏
　　　　露2＋英2：1907年英露協商の中立圏
　　　　露2：1915年コンスタンティノープル協定でロシア勢力圏に組み入れられた地域
　　　　英2：1915年コンスタンティノープル協定でイギリス勢力圏に組み入れられた地域
(出所)　[Browne] between pp. 172 and 173, [Hurewitz] vol. 2, p. 11および[吉井 1986a] 246ページによって作成。

序　章
中東経済成立にいたる世界金融

1　諸外国による支配

（1）英露独の進出

　本章では，以下，本書全体を概観することとする。出典や括弧内原語表記や詳細な説明は次章以下に譲る。

　まず最初に，第一次世界大戦はイギリス，ロシア，フランスなどの協商（連合）側とドイツ，トルコ，オーストリアなどの同盟側とのあいだで戦われた戦争であるということを念のため確認しておきたい。

　第一次世界大戦勃発時におけるロシアのアゼルバイジャン支配は，軍事のみならず，行政官の任免，警察，徴税という支配の本質をなす重要な領域全体に及ぶものであった。ギーラーン地方へは兵士のみならず農民も侵入していた。すなわち実質的にはこの地は植民地なのであった。植民はホラーサーン地方でも見られた。彼らロシアの農民はロシア＝プロパーの農民ではなく，中央アジアの農民であった。すなわち，植民は中央からのものではなく，周辺部の外部への伸張という形で行なわれたのであった。ロシアのイラン進出は，さらに，ホラーサーン地方内の北部国境地帯を同地方から行政的に切り離すという形にまで及んだ。そして，このロシアのホラーサーン北部国境地帯支配は，鉄道と道路を通じた対外進出という観点から理解することができるものなのであった。

　このようなロシアのイラン北部進出ないし支配には，ロシアのペルシャ割引貸付銀行が大きく関与していた。

　他方，イギリスのイラン進出には，この時点に関する限りは軍隊の大規模な

進駐や農民の植民といった事実は見られない。イギリスの場合は，貿易ルートを押さえることによる経済浸透とでもいうべきものであった。

イギリスの対イラン貿易ルートの内の主要なものが，バグダード＝ケルマーンシャールートであった。トルコは，参戦に2カ月ほど先立ってこのルートを遮断するなどして，戦争に向けての態勢を整えていた。

次にドイツについてである。エスファハーン南方のゴミーシェの「ロシアの」臣民とプーデの「ドイツの」臣民とのあいだで何らかの事件が起こっていた。この事件は，エスファハーンにおけるペルシャ割引貸付銀行の武装行動と密接に関係していた。両事件とも，その背景を知るには1907年の英露協商にまでさかのぼる必要がある。

（2）エスファハーン地方の2つの勢力と矛盾

同協商はイランをイギリス勢力圏，ロシア勢力圏，中立圏の3つに分割したのであるが，イギリスの権益の断然大きな部分が位置していた地域がイギリス勢力圏ではなく中立圏とされ，エスファハーンがイギリス通商の揺籃の地であるにもかかわらずロシア勢力圏に入ったという矛盾を内包していた。

ペルシャ割引貸付銀行の武装行動からは，ロシアおよびゼッロッソルターンとエスファハーン総督との対立という構図が見て取れるが，ロシアとゼッロッソルターンのあいだには，ペルシャ割引貸付銀行が後者の莫大な財産を管理していたという関係があった。ゼッロッソルターンは，絶頂期には中部および南部諸地方の知事（総督）職を一手に収め，軍隊も有していた有力王族であった。総督の一族であるバフティヤーリー族とは長年の仇敵の関係にあった。このため，ゼッロッソルターンはロシアの保護下に入ったのであった。

彼の姉（または妹）のバーヌーイェ＝オズマーもロシアの保護を受け，その財産はロシア人によって管理されていた。ロシアは彼女の所有する村を賃借し，その村民をも実質的支配下に収めていった。ドイツもエスファハーン南方のいくつかの村を賃借した。このようにして，イラン人がロシア帝国臣民・ドイツ帝国臣民と化した。そして相互に争ったのがゴミーシェとプーデでの一件なのであった。

以上でゼッロッソルターンはロシアと結びついていたが，これに対してバフティヤーリーが結びついていたのはドイツではなくイギリスであった。イギリスの重要な貿易ルートであるアフヴァーズ＝エスファハーン間道路は彼らバフティヤーリーの居住地を通っていたし，石油が発見されたのもこの地においてであった。当時バフティヤーリーは「国の中の国」とでもいうべき存在であった。エスファハーン総督の地位も1910年頃に手に入れる。

　このように，このエスファハーンの問題に英露協商の矛盾が集約的に表現されていた。すなわち，第1に，イギリスの影響下にあったバフティヤーリーの居住地はイギリス勢力圏ではなく中立圏に組み入れられ，第2に，それにもかかわらずバフティヤーリーの「都」たるエスファハーンはロシア勢力圏に組み入れられたのであった。そして，第3に，この2つの矛盾を結びつけていたバフティヤーリーは「国の中の国」とでもいうべき存在であった。

　世界戦争勃発時における二分された世界を，このエスファハーンというアジア西部の局地に見いだすことができるのである。

(3) 諸外国の支配の態様

　以上のように，第一次世界大戦勃発時の諸外国による支配ないし浸透の態様は国によってまちまちであった。

　ロシアは北部のかなりの地域を実質的に植民地化していたといってよいであろう。そこでは徴税や道路利権の獲得という点でペルシャ割引貸付銀行が大きな役割を果たしていた。

　イギリスの支配ないし浸透は，貿易ルートを押さえることによる経済浸透であった。植民や軍事的進出の記述はイギリスについては見られず，ロシアの支配ないし浸透とはまったく質の異なるものであったことがうかがえる。

　ドイツがすでに開戦の時点でイランに奥深く食い込んでいたという事実も，一見細かいことのように思われるかもしれないが，第一次世界大戦全史という観点からも，軽視されてはならないであろう。その食い込みは，イランの農民を保護しドイツ帝国臣民化するという形をとった。英露協商の矛盾の表出点たるエスファハーンの近辺においてであった。

ロシアもエスファハーン近辺においてイラン農民の帝国臣民化を行なった。そしてここにもペルシャ割引貸付銀行が大きく関与していた。支配に金融が大きく関与していたことを，ここで確認しておきたい。

2　中立国イランの実際

(1) アラビアの3部族

　1914年11月1日，イランはこの戦争における中立を宣言した。イランはロシアに，アゼルバイジャンなどからの撤退を幾度も求めたが，ロシアはこれを拒否した。また，トルコはかねてよりイラン西北部に侵入を繰り返し，その兵力は1万人に達した。このように，中立宣言を発するまでにすでにイランには交戦国の軍隊が侵入していたのであった。そして侵入国間で交戦さえ行なわれていた。アゼルバイジャンでのロシアとトルコの衝突がそれである。

　このイラン領内でのロシア・トルコ間の衝突は，トランス＝コーカサスでのそれと1つの文脈の中に収めてみていく必要がある。トランス＝コーカサスは，トルコにとってのロシアの脅威と汎トルコ主義とが重なる地理的空間であった。このトランス＝コーカサスと西北イランへのトルコの動きを，ドイツは同盟の利益に反するものと考えていた。ドイツとしてはトルコに，シリア経由でエジプトへと進軍して欲しかった。イギリスに対する反乱，スエズ運河の遮断，それにイギリス軍兵力の足止めという効果を期待してのことであった。

　だが，この方面は汎トルコ主義者たちにとって何の魅力もなかった。帝国内のアラビアがすでに大きな重荷になっており，これにエジプトが加わると致命的だ，ということもあった。アラビア半島はオスマン帝国領であったが，内陸部までその実効支配は及んでいなかった。内陸部では各地に諸勢力が割拠し，相争うという状態であった。これら諸勢力のうち，その後の歴史の展開の上で重要なものとして，サウード家，ラシード家，ハーシム家の3つを挙げることができる。

　サウード家はナジュドを拠点とする一族で，のちにサウディアラビア王国を建国することになる。ラシード家はハーイルを拠点としてアラビア半島中北部

を支配していた一族で,最終的にはサウード家の軍門に下る。ハーシム家は預言者ムハンマドの子孫とされる名家で,メッカとメディナという両聖地が位置するヒジャーズを支配していた。イギリスの支援の約束(フサイン=マクマホン書簡)を得てオスマン帝国からの分離独立を目指して反乱を起こす(「アラブの反乱」)が,結局はサウード家に敗れ,ヒジャーズはサウディアラビア王国の一部を構成することとなる。1958年のクーデター前のイラクの王家と現在のヨルダンの王家はこの一族である。

　大戦の影が忍び寄るにつれて,トルコは,サウード家とラシード家を和解させて自らの側に立っての戦争協力をさせようと努めた。一方イギリスは1914年11月,サウード家のアブドゥルアズィーズと交渉を開始した。それは,戦争協力の見返りに,第1に,彼にトルコの攻撃を受けないことを保証し,第2に,彼をナジュドとハサーの独立の支配者と認め,第3に,彼と条約関係に入る,という内容のものであった。

(2) ロシアの傀儡,ショジャーオッドウレ

　アゼルバイジャンでトルコに対処するために,ロシアはショジャーオッドウレという人物を利用した。ロシア外相サゾノフは,イランがトルコに撤退を迫ることを望んだ。イギリス外相グレイは協力を約束したが,その見返りに,ロシアにショジャーオッドウレを制御することを求めた。イギリスとしては,アゼルバイジャンでのロシアの行動がイランの世論を刺激し,イランを同盟側へと追いやってしまうのではないか,との心配があった。イラン政府もこの件が同盟側支持への動きを助長することになる,と主張した。

　ロシアはこれらを無視し,12月,コサック旅団に資金供与し,ショジャーオッドウレを助けに行かせた。イギリスはこれを大目に見ることはできなかった。というのは,コサック旅団は少なくとも名目的にはイランの軍隊であり,従ってこれはロシアによるイラン軍の徴集にほかならないからであった。

　結局,ショジャーオッドウレは12月末にオルーミーイェ湖の南,マラーゲ付近で敗北を喫し,アゼルバイジャンでの事態は収束へと向かう。このようにして大戦勃発の年は暮れていった。

(3) ペルシャ湾岸地域におけるイギリスの関心

　1915年初め，200名ほどのドイツの工作員がイランに潜入した。その背景には，スウェーデン人将校によって指揮されたジャンダルメリーという部隊の存在とイランの人々の親ドイツ感情とがあった。ジャンダルメリーは，南部の治安の回復・維持のためにイギリスの圧力によって創設されたものであるが，大戦が勃発するや反イギリス勢力へと転化した。

　イギリスは開戦当初より，ペルシャ湾の奥における自らの権益を守る決意であり，この目的のためにインドから部隊を派遣し，トルコからファオとバスラを奪取した。これに対してトルコはアングロ＝ペルシャ石油会社のパイプラインを切断した。イギリス軍はイラン領内に入り，アフヴァーズを占領し，トルコを追い払うのに成功した。

　ペルシャ湾の奥に上陸したイギリス軍の目的はイランの油田の防衛にとどまらなかった。手の届く距離にバグダードという魅力的な獲物があった。1915年11月，イギリスはバグダードめざして進撃するが，奪取するには至らなかった。イギリス軍はクートルアマーラに引き返し，ここでトルコ軍に包囲されてしまう（12月7日～翌年4月29日）。今やメソポタミアはイギリスにとってバスラなど南部に極限しえない戦争地域へと転じたのであった。

　ペルシャ湾地域におけるイギリスの関心の焦点としては，今ひとつ，ブーシェフルを挙げることができる。このイランのペルシャ湾岸の主要貿易港は，シーラーズからテヘラーンへ，さらに中央アジアへとつながっており，その意味で戦略的に非常に重要な地点であった。

　1915年8月，イギリスはこの町と半島（ブーシェフルの町は同名の半島にあった）を占領した。ドイツ側もここを繰り返して攻撃した。ここで「ドイツ側」とはドイツ側の地元の部族勢力であり，彼らは「ペルシャのヴァスムス」ことドイツ人ヴァスムスによって操縦されていた。

　ドイツのイランにおける活動のもう1つの柱は，イランを通って東方へと達することであった。もちろん，そうはさせじとイギリス，ロシアは哨兵線を設けるが，これを突破するものもあった。すなわち，ヘンティッヒとニーダーマイヤーを中心とする遠征隊が1915年8月，アフガニスタンに入ることに成功し

序章　中東経済成立にいたる世界金融

たのであった。だが彼らはインド本体を，したがってイギリス帝国を震撼させることはできなかった。

3　中立圏の解消と参戦

(1) イギリス人コックスと「メッカの沈黙」

　イランは独立国としての体をまったくなしていなかった。中立国とはいっても，それは形式的・表面的なものにすぎなかった。この中立国の中には1907年英露協商が規定するところの中立圏が存在したが，1915年3月から4月にかけてのコンスタンティノープル協定によってこの中立圏は消えてしまう。

　この秘密協定は，ロシアがコンスタンティノープルを併合し，その代わりにイランにおける中立圏（すべてではない）をイギリス勢力圏とする，ということをその主たる内容の1つとしていた。これは，国際政治の舞台において海峡問題（イスタンブル）とイラン問題とが1つの文脈に統合された重要な事例としてはおそらく最初のものであると考えられる。これは，今日的な意味での「中東世界」の生成を告げるものとして非常に重要な意味をもつといえる。

　ペルシャ湾の奥のモハンマレは，イラン領であったがアラブ人の居住地域であった。当時，ペルシャ湾岸にあってイギリスの政策を現地で担い指揮していたコックスという人物がいた。彼はモハンマレのアラブ人たちの首長，シャイフ=ハズアルと良好な関係を築くのに成功した。この良好な関係はイギリスにとって大きな財産であった。というのは，シャイフ=ハズアルの領地は，ペルシャ湾の支配とアングロ=ペルシャ石油会社にとって戦略的に非常に重要なところであったからである。コックスはサウード家のアブドゥルアズィーズやクウェートの首長シャイフ=ムバーラクの信頼も勝ち得ていた。大戦が始まるや，コックスはメソポタミア遠征軍の駐在政務長となった。

　コックスの命をうけたイギリスの軍人シェークスピアが1914年大晦日，アブドゥルアズィーズの幕営に到着した。アブドゥルアズィーズは自分がイギリスの配下になるという内容の条約の草案を1月4日にシェークスピアに渡し，これをシェークスピアはコックスに送った。

7

同月，アブドゥルアズィーズはメッカのハーシム家のシャリーフの次男から書簡を受け取った。それは，トルコが，トルコ側に立ってのジハード（聖戦）を宣言して参戦するようしつこく働きかけてきているが，シャリーフとしては，アブドゥルアズィーズがトルコとイギリスのどちら側に立つか明らかになるまではのらりくらりと時間稼ぎをする，という内容のものであった。

　アブドゥルアズィーズはシェークスピアにこの手紙を読んで聞かせ，どう返事すべきかと尋ねた。その結果，返信は次のような内容となった。すなわち，自分はトルコ側につくことに何ら利点を見出せず，したがって時間稼ぎをしているので，そちらもさらに時間稼ぎを続けるよう，というものであった。

　このアブドゥルアズィーズの対応はイギリスにとって大きな価値をもつものであり，タイミングも非常によかった。イスラーム世界の精神的中心たるメッカのシャリーフがいかなる挙に出るかと注視していた者たちは，何も見出すことができなかった。ジハードは宣せられなかったのである。この臨界的局面における「メッカの沈黙」は世界的広がりにおいてきわめて大きな意味をもつものであった。

　1月初め，アブドゥルアズィーズは親トルコのイブン＝ラシード（ラシード家）とジュラーブで激突した。これは，アラビア史上，それまでで最も大きな戦いの1つであった。戦いは結局引き分けに終わったが，それはそれでイギリスとしては満足であった。というのは，イブン＝ラシードが戦闘力を失い，トルコの隊列に加わることができなくなったからである。

（2）同盟側の優勢とイラン参戦

　1915年12月26日，カティーフにおいてコックスとアブドゥルアズィーズによって条約が調印された。それは，イギリスはアブドゥルアズィーズをナジュド，ハサー，カティーフ，ジュバイルの独立の支配者であることを認め，外国がアブドゥルアズィーズの領地に侵略した場合にはアブドゥルアズィーズを支える，といったことを主たる内容としていた。

　1915年はイランにおいて同盟側の成功が目立った年であった。ドイツのエージェントのみならず，中央アジアから逃れてきたオーストリアの戦争捕虜が多

数イランに入り込んだ。

　こうしたドイツの活動をイラン政府に抑えさせようと，イギリスとロシアはイラン政府に資金面で手を差し伸べた。この資金供与を，イギリスとロシアは支払猶予を装って行なった。この案件がマジュレス（国民議会）にまわされ表沙汰になるのを避けるためであった。

　首都においても地方においてもドイツのエージェントたちが公然と人々に武器を提供した。トルコ軍がケルマーンシャー地方に侵入したため，協商側の領事や居留民たちは避難を余儀なくされた。これに対して，中央政府は無力であった。頼るべき十分な軍事力が存在しなかったのである。7月に内閣が倒れ，組閣を行なう者が見出せないまま1カ月が過ぎ去った。

　テヘラーンでは，イギリス・ロシア両公使の働きかけによって8月に新内閣が誕生した。協商側の領事や居留民たちがエスファハーンから退去した。ヨーロッパの西部戦線におけるドイツの優勢やイラン全土でのドイツの気前のよい資金散布は，イラン政府をして同盟側に立っての参戦を決断せしめるのに十分であるように思われたが，そうはならなかった。

　このようにして数カ月，神経をすり減らす状態が続いたが，11月，ロシア軍がアンザリーに上陸したとのニュースに協商側は救われた。ロシア軍はテヘラーン近くのキャラジにまで進軍し，これによって少なくともテヘラーンに関する限りは協商側は立場を回復した。

　このため，イラン政府は協商側に立っての参戦を提案した。だが，ここで状況が動く。すなわち，第1に，ヨーロッパの西部・東部両戦線で協商側が振るわなかったこと，そして第2に，イギリス軍がバグダード奪取に失敗し，クートルアマーラにおいてトルコ軍によって包囲されたこと，この2点である。イラン政府は協商側に立っての参戦を提案したことを後悔した。

　テヘラーンの情勢が再び危機的となった。というのは，ロシア軍が首都に迫っているという事態をドイツが逆手にとって首都をエスファハーンに遷そうとしたのであった。結局シャー（イラン国王）はテヘラーンにとどまったが，同盟側の外交官たち，国会議員たち，ジャンダルメリーのかなりの部分がテヘラーンを脱出した。これをペルシャ語で「モハージェラート」という。キャラジ

のロシア軍は撤退した。モハージェラート参加者たちはゴムに臨時政府を樹立し、さらにエスファハーンへと移動した。

（3）親協商政権の発足

　この間、テヘラーンの状況は改善したが、地方の状況は大変悪化していた。イラン南部のほぼ全域が同盟側のエージェントの影響下に入った。ロシア軍はカーシャーンにまで達した。

　1915年の末、12月25日、親協商政権がファルマーンファルマー（親イギリス）を首班に誕生した。同政権は翌年1月、コサック旅団を1万名にまで増強し、同部隊をロシアによって指揮させることに同意した。テヘラーン駐在イギリス公使は、イギリスの指揮下の同様の部隊を南イランの秩序維持のために創設すべきである、と本国政府に提案した。イギリス政府はこの提案を受け入れ、イラン政府もこれを是認した。1月26日、パースィー＝サイクスが、南ペルシャ＝ライフル隊として知られることになる部隊を創設し指揮するよう任命された。ファルマーンファルマーは親ロシア派の陰謀によって弱体化し、辞任した。代わって親ロシアのセパフサーラールが3月5日、政権に就いた。

　セパフサーラールは混合金融委員会の設置に同意した。この委員会は、イギリスからイランにもたらされる資金の支出を管理するためのものであった。さらにセパフサーラールは、月々20万トマーンの助成金を受け取り、その見返りとして、北部においてロシア人将校の下で、そして南部においてイギリス人将校の下で軍隊を編成することを認めること、そして財政管理を受け入れることに同年8月に同意した。

　時間を半年ほど遡る。メソポタミアへ向けてのロシア軍の前進は、冬の天候とトルコの抵抗に妨げられた。ロシア軍は2月末にケルマーンシャーを奪取し、5月13日にトルコ＝イラン国境付近にまで迫ったが、その頃までにクートルアマーラがトルコの手に落ちており（4月29日）、今やトルコはかなりの兵力をロシア軍撃退のために集結させた。

　クートルアマーラをトルコに奪われ、イギリスはバグダード奪取をこれまで以上に重視するようになった。

(4) メソポタミアの戦況

　ガリポリ軍事行動というオスマン帝国心臓部へのイギリスの突進が失敗し，今やメソポタミアは，東方における諸交戦国の利害がぶつかる焦点となった。すなわち，トルコにとってはメソポタミアは，主権と汎トルコ主義的拡張の希望がかかっていた場であった。また，同地域は，ドイツにとっては，バグダード鉄道に象徴される野心が，そしてイランとインドにおいてイギリスに深刻な困難をもたらす好機とがかかっている場であった。そしてイギリスにとっては，東方およびイスラーム圏における威信とペルシャ湾における地位と，そして究極的にはインドの安全がかかっていたのであった。

　クートルアマーラの包囲の間，ロシアはトルコの汎トルコ主義的拡張の計画に対する急襲を行なった。すなわち，トルコ東部に軍事力を展開したのである。一方，トルコはイランへの膨張の妄想に駆り立てられ，6月，西イランへの攻勢を開始し，8月中頃までにはハマダーンに達しロシアを駆逐し，イラン領の3万平方マイルほどを占領下に置いた。

　1916年5月，サイクス＝ピコ協定と呼ばれる秘密協定が，イギリス，フランス，ロシアによって結ばれた。この協定は，よく知られている通り，トルコ帝国領におけるこの3国の将来の勢力範囲を取り決めたものであった。イギリスはイラクやヨルダンを，フランスはシリアやレバノンを中心とする地域を，そしてロシアはアナトリア東部とボスポラス・ダーダネルス両海峡をそれぞれ勢力下に置くこととされた。この協定はアラブの独立を約したフサイン＝マクマホン書簡と矛盾するものであった。クートルアマーラの陥落が4月，サイクス＝ピコ協定が5月，そしてトルコの西イランへの攻勢が6月。すなわち，このトルコ領分割の協定は，トルコの軍事的成功の只中に結ばれたものであった。

4　アラブの反乱

(1) ヒジャーズの王

　同じ頃，メッカのシャリーフがトルコへの反乱を起こした。6月5日のことである。この反乱は一般に「アラブの反乱」と呼ばれる。これはイギリスとシ

ャリーフとの秘密交渉によって生まれたということができる。シャリーフはこれら地域（イギリス領アデンおよびその後背地を除く）のすべてのアラブ諸「国」を統一して自らが王あるいは宗主となることを目指していたのだが、この交渉での合意によって彼のシリアおよびメソポタミアへの野心には制約が課せられることとなった。

　シャリーフは反乱勃発の2日後の6月7日に、ヒジャーズの独立を宣言した。一方、ナジュドを拠点とする有力者アブドゥルアズィーズは前年11月にシャリーフがナジュドに武装侵入したことで、シャリーフが大きな野心を持っているということを明確に認識したようである。アブドゥルアズィーズは「アラブの反乱」勃発の翌月、イギリスの駐在政務長コックスに対して次のように述べた。すなわち、「アラブの反乱」成功の暁にはシャリーフはナジュドへの支配権を要求するかもしれないが、自分とシャリーフとは長いあいだ反目しあっており、自分の配下の部族民たちはシャリーフの支配あるいは干渉を決して許さないだろう、と。

　このように、イギリスは、互いにアラビア支配を争うライバル両名のどちらとも接触していた。そして、イギリスは両者が対イブン＝ラシードの線で手を結ぶことを望んでいた。イブン＝ラシードは親トルコのハーイルのアミールであり、メソポタミアでイギリス軍と衝突したこともあった。

　1916年10月、コックスは、「イギリスはアブドゥルアズィーズに敵対してまでシャリーフを支持することはしない」ということなどをアブドゥルアズィーズに知らせるよう命じられた。だが、この保証の効果を打ち消してしまう出来事が翌日起こった。すなわち、11月5日、シャリーフがメッカにて自らを「アラブ人たちの王」と宣言したのである。イギリスはこのような称号を認めることはできなかった。イギリスが彼に認めていた王権の範囲は「ヒジャーズの王」までであった。アブドゥルアズィーズが強い反感を抱いたことはいうまでもない。

（2）アブドゥルアズィーズとイギリス

　同月11日、アブドゥルアズィーズはウジャイルにてコックスと会い、自分が

非常に難しい立場にあると訴えた。自らの親イギリス政策が役に立っている，とは人々が思っていない，というのである。カスィームの内陸交易商人たちは，イギリスの要請によってアブドゥルアズィーズが課していたシリアおよびハーイルとの交易禁止措置によって大きな打撃を受け，憤慨していた。ナジュドの人たちも騒ぎ出した。シャリーフの「アラブ人たちの王」宣言に関しては，コックスはアブドゥルアズィーズに次のように伝えて安心させた。すなわち，イギリス政府がシャリーフに，他の独立のアラブ支配者たちへの支配権を主張しないと公式に認めるよう強く要求した，と。

同月20日，アブドゥルアズィーズは，クウェートのシャイフ（首長）およびモハンマレのシャイフとともに，クウェート＝ダルバールに出席し（コックスも出席），イギリスの勲位 K. C. I. E. に叙せられた。彼はその足でモハンマレを，そしてさらに26日，モハンマレのシャイフとともにバスラを訪れ，イギリスの部隊と病院を視察し，生まれて初めて飛行機が空を飛ぶのを見，「名誉の刀」を贈られた。これはイギリスにとって大成功であった。これ以後，イギリスはアブドゥルアズィーズの中でより大きな地位を占めることとなった。

（3） クウェートの調停

クウェートは，当時，イブン＝ラシードの領地であるハーイルおよびシリアとの交易によって繁栄していた。これら両地域はイギリスによって禁輸が課せられていたが，クウェートのシャイフは，人気の低下を恐れて，禁輸を実効的たらしめるための助力をイギリスに与えなかった。シリアとハーイルは，アブドゥルアズィーズが禁輸を課した対象地域でもあった。だが，アブドゥルアズィーズは禁輸をしかるべく執行した。このため，カスィームの商人たちは大きな打撃を受けた。クウェート＝ダルバールでは，この禁輸問題が重要な議題の1つとして話し合われたことと推察される。クウェートはその利害が主に商業的なものであり，すなわち政治的なものではなかったため，調停者として適格であった。クウェート＝ダルバールは，これら3名の首長のイギリスへの支持とシャリーフの大義への共感を宣言した世界史的意義を有するものであった。

アブドゥルアズィーズがバスラを訪問した際，彼は，対イブン＝ラシード行

動として具体的に次の3点を約束した。すなわち，第1に，武装した人員4000名を確保すること，第2に，もしイブン＝ラシードが再びメソポタミアへ移動することがあったら，その側面をしっかりと押さえておくこと，そして第3に，イブン＝ラシードがハーイルにとどまるならば，すきあらば同地を攻撃すること，この3点である。イギリスは彼に武器弾薬と月額5000ポンドの助成金を与えることとされた。アブドゥルアズィーズとシャリーフの協力は不可能という点でも合意がなされた。

　1917年の暮れ，アブドゥルアズィーズは，月額5000ポンドでは不十分と不満を述べた。自分はその倍額を対イブン＝ラシードのために使っており，配下の者たちがシャリーフの金(1)に引き寄せられつつある，というのである。彼はイギリスに，至急リヤードに人を寄越すよう求めた。フィルビー他2名が派遣された。アブドゥルアズィーズは，シャリーフが「ヒジャーズ王」と称していることを大いに気にしており，イギリス政府が自分をシャリーフと同等に扱うよう求めた。フィルビーらはイギリス政府上層部に，アブドゥルアズィーズにさらに8000丁のライフルなどを与え，兵力を1万5000名に増強すべきだと具申した。だが，この案は，アブドゥルアズィーズの力を強めアラビアを席巻させてしまい，イギリスの対アラブ政策を混乱させてしまうという理由で却下された。

5　財政の危機

(1) ゆれる内閣と財政

　イランでは，協商側が徐々に支配領域を拡大していきつつあった。トルコはイラン西部における地位を危険にさらされることになり，軍を撤退させた。3月末までにはロシア軍が，トルコ軍を追う形でイラン＝メソポタミア境界まで押し返した。というよりも，それどころか，今やかのムスタファ＝ケマル＝パシャ指揮下の第11軍がコーカサス戦線南部においてロシア軍を駆逐し，メソポタミアおよび西北イランとのトルコの兵站線への脅威を取り除くに至るのである。

　このように，イランにトルコ軍がまったく居なくなったというわけではない

が，イギリスにとってイランにおける見通しは大変良好であるように見えた。だが，同じ頃，ロシアで三月革命が勃発し，事態はイギリスにとって再び危機的となった。テヘラーンでは民主党急進派が以前の権力を取り戻した。

宰相ヴォスーゴッドウレは，南ペルシャ＝ライフル隊を公式に承認したことにより困難な状況に陥った。懲罰委員会なる秘密組織が親イギリス的な者たちを暗殺した。結局，5月27日，彼は辞任した。同じ5月の末頃，ロシア軍がメソポタミアの国境地帯から撤退し，それをトルコが追った。イギリスはティグリス川流域の部隊を増強せざるをえなくなった。

ヴォスーゴッドウレの辞任を受けて，組閣が高齢のアラーオッサルタネにゆだねられた。上述の諸問題に加え，降雨不足による不作ゆえに飢饉の危機が迫るなど，全般的状況は大変暗澹たるものであった。国庫に資金はなく，ギーラーンではジャンギャリーによる反乱が広がりつつあった。イランは，法と秩序を確保するに足る武力を有していなかった。アラーオッサルタネが辞し，エイノッドウレが跡を継いだが，彼もまた辞任し，1918年初め，モストウフィヨルママーレクが今一度組閣をゆだねられた。

（2）金融的支援

1915年3月28日，イランとイギリス公使との間で合意が結ばれた。それは，イギリス，ロシアのイランへの金融的支援や両国の軍隊のイランからの撤退などを交換条件として，イランが厳正中立を維持するというものであった。つまり，イギリス，ロシアがイランの中立をカネなどで買ったわけである。そして，この金融的支援は，新規借款供与ではなく既存の借款の元利支払いの猶予という形をとった。新規借款だと，それを扱う能力がイラン政府には欠けているし，また，マジュレス（国民議会）にまわさなければならない，というのがその理由であった。

この合意に至る交渉においては，ロシアによる徴税の問題も話し合われた。ロシアが北部において内国税の一部を徴収し，いまだにイランの国庫に納められていないというのである。これはロシアによるイランの国富の収奪にほかならない。

当時，イランは外国によってファイナンスされていたのであり，これが財政のみならず，経済のみならず，状況全般の核心をなしていた。
　3月28日の合意からさほど時を経ずして，金融部面において協商側に打撃を与えようとする試みが，ドイツによってなされた。ペルシャ帝国銀行への取付がそれである。イギリスの銀行としての側面をもつ同行は利権書の規定により銀行券による兌換請求があり次第それに応じる義務があるのだが，この時には30パーセントしかカヴァーできず，破綻の危機に追い込まれた。
　したがってイギリスとしては，この状況に対処できる新内閣を組織することを急がなければならなかった（前内閣が辞し，まだ新内閣が発足していなかった）。誰を宰相に据えるかについては，当初はサアッドドウレに決まりそうだったのだが，彼の政敵やドイツ，トルコの反対工作により実現せず，結局はエイノッドウレに決まった。

(3) 組閣への道のり
　第一次世界大戦中，イランでは幾度も政権交代が行なわれた。それらの多くあるいはすべてにおいて，このようなこと，すなわち諸外国による関与がなされたにちがいない。このケースで，新内閣を組織することを急いだイギリス公使が先ずとった行動は，フランスおよびロシアとの意見調整であった。かれら列強の外交官たちは有力者たちに入閣の意向を打診し，さらには宰相となるべき人物をシャーに推薦し同意を取り付ける，ということまでしている。そしてもちろん，諸外国による関与といっても，それら諸外国は大きく協商側と同盟側とに分かれて相争っていたのであり，この争いが新政権誕生の過程に大きく反映されていく。国内の権力基盤として宰相候補者が頼るべき軍事力は，自国のそれではなく外国のそれであった。
　このケースの大きな特徴として，新内閣を組織することが取付の問題と密接に関係していたことを挙げることができる。ドイツは，イランにおけるイギリスの「顔」であるペルシャ帝国銀行を，このような形で攻撃したのであった。それは，敵国イギリスへの攻撃であったのみならず，イランの金融システム全体への攻撃でもあった。

新内閣の組織には，この取付の問題のほかに，ドイツ公使たちのイランあるいはテヘラーンへの到着の問題が関係していた。この内，新内閣の組織は大きな山を越えた。さらに局面が動く。ドイツ公使のロイスがイランあるいはテヘラーンに到着したのである。入閣候補者をめぐる困難も取り除かれた。残るは取付のみである。

　イギリス側が作成した同行の銀支払いの一時停止を規定した法案の草案がマジュレス議長に渡された。マジュレス議長はイギリス公使に，銀支払い再開をイギリス政府が保証するよう求めた。イギリス公使はこれを引き受けた。

　法案はマジュレスを通過した。この法案には「この国における金融取引の順調な流れを妨げる困難」が「ヨーロッパにおける交通手段の途絶および銀輸入の減少によって引き起こされた」ものであると明記されている。こうした大状況があったからこそドイツは取付を行なったわけであろう。

　銀支払い再開へのイギリス政府の保証については，さらにペルシャ帝国銀行が担保を供すると同行支配人はイギリス公使に請け合った。また同行は「イギリス公使の承知および同意なしにはペルシャにおける銀行券発行高を増やさない」とされた。イギリス政府の保証は，ペルシャ帝国銀行の財務力によって裏づけられようとしていたのである。そして，このイギリス政府とペルシャ帝国銀行との結びつきは，発券高という領域においても発現しようとしていた。イランにおける唯一の銀行券の発行高が帝国の意思と結びつこうとしていたのである。

　こうした措置にもかかわらず，ペルシャ帝国銀行券は額面割れを起こした。帝国の銀行，イランの独占的発券銀行も信用秩序から超然とした存在ではありえなかったのである。

（4）帝国銀行の信用回復

　信用秩序は，イギリスからの圧力を受けてイラン政府がとった措置とペルシャ割引貸付銀行の「同情的な態度」によって回復へと向かう。ペルシャ割引貸付銀行が「同情的な態度」をとったのは，協商側の信用が失墜してイランをして同盟側に走らせてしまうことを恐れたためであったと思われる。他方では，

ペルシャ帝国銀行の破綻はペルシャ割引貸付銀行にとってプラス面も期待しえた。だが結局は，マイナス面のほうが大きいと判断したわけである。「同情的な態度」が「遅ればせのもの」となったのは，この判断に時間がかかったことを示すものであろう。
　国土が「ヨーロッパの戦争」の戦場と化してしまったイラン。その混乱は為替の面にも現象した。イラン通貨の為替相場が上昇したのである。これは，イラン国内に外国通貨の供給過剰が存在したためであった。ロシア兵たちはルーブルで俸給を支払われていたし，イギリスはイラン人たちを味方に引き入れるためにふんだんにカネをばらまいた。他方，これら外国通貨への需要は大きくはなかった。これは，貿易が減少したため在イランの商人たちが外国通貨をさほど必要としなくなったからであった。
　イラン通貨ゲラーンの為替相場の上昇は，投機家たちをしてゲラーンを退蔵せしめた。ロシアのペーパー＝ルーブルはイラン商人たちから歓迎されざるものになった。イギリス，ロシアがイランで自らの通貨を支出すればするほどゲラーンに対する価値は下がる。これを解決するために協商側はイランへの銀地金輸入額を増やしてゲラーン供給を増やそうとした。銀地金をイラン政府に供給しコインを発行する権利はペルシャ帝国銀行が独占していたが，1914年，ロシアはこれをペルシャ割引貸付銀行にも分け与えるよう求め，この旨，イギリス・ロシア間で合意が成立した。
　1916年3月，ロシアは，テヘラーン造幣所の造幣能力不足を理由に，ロシアがコインを造幣し軍票を発行すると述べた。ペルシャ帝国銀行は，造幣能力は十分であると請け合ったのだが，ロシアは同行に地金を供給しようとはしなかった。イギリスにしてみれば，ロシアが供給しなかった銀地金はロシアがイギリスの信用でイギリスで入手したものであり，これはペルシャ割引貸付銀行によるペルシャ帝国銀行の土台の掘り崩しであるとして不快感をあらわにした。結局，同年6月末，イギリスは銀地金輸入のためのロシアへの信用供与を終わらせた。
　このようにして，イランへの銀地金輸入増による貨幣供給増という解決策はいったんは失敗した。この間も状況は悪化しつづけた。1916年7月頃までに，

ルーブルの引き続く価値低落のゆえにロシアは「ロシアの国境の外のすべてのロシア軍および文民の被雇用者」への支払いを中止することを余儀なくされた。結局，1916年10月中頃までには，1914年のイギリス＝ロシア間合意が実行されるに至った。

ペルシャ帝国銀行はイギリスの銀行であり，かつイランの銀行でもあるという二面性を有していたが，第一次世界大戦期には前者の側面が強く前面に出ていた。同行は，イギリス帝国のエージェントとして，巨額の資金をイランに注ぎ込むための脈管として機能した。

6 金融業の再編

(1) 同盟側の資金調達

イランで資金を必要としていた点では同盟側も同じであった。

同盟側の資金調達は次の4つの方法で行なわれた。第1に資金を携行してイラン国内に持ち込むこと。第2に，イラン国内の支持者から借りること。第3に，ペルシャ帝国銀行の店舗を襲撃し強奪すること。第4に，イラン国内の在地企業を利用すること。

第4の方法について説明する。19世紀末，ヨーロッパ諸国との貿易の増大などを背景として，株式会社形態をとるなどそれまでにない新しいタイプの在地企業が生成した。それらの中には，一時的にではあったがペルシャ帝国銀行とペルシャ割引貸付銀行の強力な敵手となったものもあった。

たとえばエッテハーディーイェ社がそうである。同社は国内外で金融業を行なっていた。その営業範囲は，外国ではイギリス，フランス，ロシア，インド，トルコに及んだ。第一次世界大戦の初期，同社の長エッテハーディーイェはドイツと，ドイツがイラン国外で同社に外貨を売り同社がイラン国内でドイツの工作員たちにゲラーンを売る，という取り決めを秘密裏に結んだ。この取引は3カ月後イギリスの知るところとなり，イギリスは同社をブラック＝リストに載せ，イギリスとボンベイにおける同社の資産をすべて凍結し，自国民に，同社と取引しないよう命じた。この問題を解決するために1916年1月，エッテハ

ーディーイェとイギリスとのあいだで交渉が行なわれ，その結果，イギリス政府は自国民への同社との取引の禁止命令を，次の3点を条件として取り消す，というものであった。

第1に，イラン国内外を問わず，イギリスの敵の影響下にある会社あるいは個人と取引を行なわないこと。第2に，もし第1の条件が守られない場合はイギリス政府とインド政庁の手中にある同社の資産を没収すること。第3に，同社が無条件にこの合意を受け入れるならば，その旨文書でイギリス公使館に伝えなければならないこと。

同年3月20日，エッテハーディーイェ社はイギリスに条件の受け入れを約束した。保証金としてロンドンに13万ポンドが送金された。受領が確認され，エッテハーディーイェがブラック゠リストから削除された。

メソポタミア戦線で状況が動く。イギリスがクートルアマーラでトルコに敗れたのである。トルコはさらにイランに侵入した。イラン政府は再び首都からの脱出を検討するに至った。エッテハーディーイェは，トルコがテヘラーンを奪取した場合，彼がイギリスと結んだ取り決めゆえに彼の立場が危うくなるので，彼をイギリスの保護下に置いてペルシャ帝国銀行と一緒にテヘラーンを去るか取り決めを無効と見なすかどちらかを選ぶしかない，という内容の書簡をイギリス公使に送った。これに対しイギリス公使は，首都が同盟側によって占領された場合，起こりうる約束違反は同盟側の圧力の下でのものであったことが証明されなければならない，と返答した。

トルコの脅威はさほど長続きしなかった。クートルアマーラでイギリスに敗れ，イランから去ったのである。さらに，ロシア革命によってイランにおけるロシアの影響力が弱まり，イギリスがイランにおける絶対的な権力者となった。

（2）ヒジャーズの新銀行設立へ

次にアラビア半島情勢に目を転ずる。この半島に形成されようとしていた国家は，その資金的中核としての銀行を必要としていた。そのような銀行として，当時すでに存在していた帝国オスマン銀行ジッダ代理店（支店）はふさわしくなかった。同行は多国籍的性格を有しており，世界戦争勃発によってアイデン

ティティーを引き裂かれてしまった。このアイデンティティーの裂け目は，協商側と同盟側のあいだのみならず，イギリス・フランス間にも存在した。

　アラブ国家形成を自らの影響力の下で進行させたいと望んでいたイギリスとしては，ヒジャーズに設立される銀行は純粋にイギリスの銀行でなければならなかった。「純粋にイギリスの銀行」にとっての敵は，トルコやフランスにとどまらなかった。無国籍的な世界金融も敵であった。イギリス側の史料における「望ましくない形態の世界市民的金融」という表現は実に鮮烈である。

　「望ましくない形態の世界市民的金融」といえば，メッカ巡礼者がヒジャーズにもたらしたコインが輸入代金決済に用いられるというコインの流れも，これに含めてよいかもしれない。新銀行が設立される場合に予想される反対として，こうした物的基礎の上に生活が成立していた地元住民による反対が想定されえた。

　ヒジャーズに銀行を設立しなければならないが，帝国オスマン銀行はふさわしくないということであれば，既存の別の銀行の支店を同地方に開設するか，新たに銀行を設立するという選択肢しかない。前者の既存の銀行としては，チャータード銀行やエジプト国民銀行の名が候補に挙がった。後者の新たに設立される銀行の名称としてヒジャーズ独立銀行という表現が使われていることは象徴的である。

(3) ゲラトリー=ハンキー商会

　新銀行の設立を，イギリスはゲラトリー=ハンキー商会という業者を利用して行なうことが最善であると見ていた。同社を金融業務に参入させるというやり方である。金融業務への参入といっても同社はすでに正金業務という「今日，なされるべき最も重要な金融業務」を行なっていた。常識的に考えて，世界大戦下，世界貨幣の重みは平時におけるよりも重かった。ゲラトリー=ハンキーの銀行は，イギリスとしては，シャリーフ政府の国庫となるべきものであり，同時にイギリスの金庫となるべきものでもあった。

　さらに事態は展開する。形成されようとしていた国家の資金的中核として，1917年2月8日の時点で，エジプト高等弁務官ウィンゲートは，アデンのコワ

スジ＝ディンショーという業者の名を挙げている。同社には，「ヨーロッパの企業」ではなく「地元の企業」として認識される，という利点があった。

この問題については，イギリス外務省も関心をもっており，しかるべき業者がいるか，3月10日付の暗号電信でウィンゲートに尋ねている。これに対してウィンゲートはゲラトリー＝ハンキー商会の名を挙げている。

イギリス外相バルフォアはこの問題を「この上なく重要」と認識しており，彼はこの問題をロンドンでロイドに伝え，ロイドはそれをウィンゲートに伝えた。単なる局地的問題ではないということがこのことからも分かる。

結局，帝国オスマン銀行ジッダ支店は閉鎖されてゲラトリー＝ハンキー商会がそれを引き継ぐことになった。

この頃から，構想されていた新銀行が，史料で「国立銀行（State Bank）」という名称で呼ばれるようになる。ちなみに，シャリーフが英語史料で「王」と呼ばれるようになるのもこの頃である。

ゲラトリー＝ハンキー商会ジッダ代理店支配人は同社ロンドン本社宛に，同社がヒジャーズ国立銀行を創設すべきであるという趣旨のことを，次のような材料を挙げて伝えている。第1に，自分たちがこれをしなければ他の業者がこれを行なうことになり自社への大きな脅威になるという点，第2に，同行が新国家の銀行業務を独占するということ，第3に，イギリス政府の支持を得られること，第4に，メッカ巡礼の金融業務を扱うことができるということ，この4点である。ロイドも新規ビジネスのチャンスはゲラトリー＝ハンキー商会に与えるべきだとの意見であった。

このように，ゲラトリー＝ハンキー商会による帝国オスマン銀行ジッダ店引き継ぎの問題は，ヒジャーズ国立銀行設立問題と密接に関係していた。ヒジャーズ国立銀行は帝国オスマン銀行と関係があってはいけなかったのである。このため，ゲラトリー＝ハンキー商会による帝国オスマン銀行ジッダ店引き継ぎは清算人という立場でなされなければならなかった。断絶しつつ継承するという問題の難しさである。

だが結局，このヒジャーズ国立銀行設立問題は立ち消えになってしまう。これは，当時，サイクス＝ピコ協定の改定という懸案があって，これを解決しな

い限りはそれ以外の問題を前に進めることができないという事情のゆえであった。

　同じ頃，アラブ政府が金貨輸出をゲラトリー＝ハンキー商会に集中させる旨の布告を出した。エジプト宛に金貨を送ろうとする商人はゲラトリー＝ハンキー商会ジッダ代理店に金貨を渡してエジプト国民銀行宛の為替手形を受け取る，というものであった。要するに，ジッダでのカイロ宛の金建の送金為替の取り扱いをゲラトリー＝ハンキー商会に集中させたのである。

　ヒジャーズでは金のみならず銀も不足していた。通貨全般が不足していたのである。平時においては巡礼が銀貨をこの地にもたらしたのであるが，開戦により巡礼が行なわれなくなった。通貨の源泉たるトルコから切り離されたこともこの通貨不足の大きな原因であった。これに退蔵が加わる。

　通貨のみならず食糧も不足していた。北部諸部族へとばら撒かれた10万ポンドは底をつきつつあった。ここに至り，フランスがヒジャーズに97万5000フランの金を送ることを決定した。イギリスはこれに異議を唱えはしなかった。

7　戦争の終結と中東経済

(1) バクダードからカスピ海への連絡路

　1917年，ロシアで三月革命が勃発した。ロシア軍はイランから撤退した。このことは，イランの民主党急進派に希望を与えた。だが，さほど時日を経ずしてトルコがイランに侵入し，タブリーズを占領し，ガズヴィーンへと前進しはじめた。さらに東へと進めば，アフガニスタンや中央アジアやインドが彼らの視野に入ってくることになる。

　北イラン全域において反イギリスの熱狂が目立っていた。モストウフィヨルママーレク内閣は弱体で，この熱狂を鎮める能力も意欲もなかった。この間，ジャンギャリーと呼ばれるパルチザン勢力がマンジールおよびガズヴィーンへと進撃しつつあった。

　このように，首都テヘラーンが，トルコおよびジャンギャリーの脅威にさらされていた。そこでイギリスは，部隊をメソポタミアからガズヴィーンへと派

遣した。イギリス部隊はガズヴィーン北方でジャンギャリーを打ち負かし，ロシア軍とともにラシュトとアンザリーを占領した。ここに，協商側によってバクダードとカスピ海とが連絡することになった。

　だが，この間も，ガズヴィーンへ向けてのトルコの前進はつづいていた。5月にはモストウフィヨルママーレク内閣が倒れ，反イギリスのサムサーモッサルタネ内閣がこれに代わった。南イランでは反イギリス感情が非常に高揚しつつあった。ロシアは今やイランの友人ソヴィエトとなり，帝政ロシアへのイランの伝統的敵意がそのままイギリスへと対象を移した格好であった。特に南ペルシャ＝ライフル隊が攻撃の対象となった。また，南ペルシャ＝ライフル隊の兵卒が，将校に対して反乱を起こすよう扇動された。これら反乱分子はサムサーモッサルタネ内閣の閣僚と緊密な関係にあった。

　エスファハーン地方，すなわち中部におけるジャアファル＝ゴリーやレザー＝ジョウズダーニーらによる盗賊行為に対しては何の手も打たれなかった。テヘラーンではバーザールが閉鎖され，数百名が宗教施設に立てこもった。

（2）終結への動き

　8月には4つの出来事が重なった。

　第1に，バクーへのイギリス部隊の到達である。1918年3月3日，ソヴィエトとドイツ，オーストリアとのあいだでブレスト＝リトフスク条約が結ばれてからトランス＝コーカサスにおいて事態が急展開した。ドイツがグルジアを占領し，トルコがバクーへと進撃した。バクーは戦略的要衝の地であるとともに石油生産の地でもある。油田を持たないドイツはブレスト＝リトフスク条約締結後，バクーを目指すこととなる。だが，同盟国トルコが一足先を越して進撃を始めた。

　バクーのメンシェヴィキや社会革命党右派などはイギリスに援助を請うた。8月，ダンスターフォース（ダンスターヴィル将軍麾下のイギリス部隊）がアンザリーからバクーに到着したが，翌月には撤退を余儀なくされた。同市を占領していたトルコは占領地域を，北はダーゲスターン，南はイラン領アゼルバイジャンまで広げた。トルコはイラン領アゼルバイジャンを含めたこれら諸地域を

トルコに従属する国家へと組織しようとしていた。

　ダンスターフォースのバクー遠征は，ドイツの手にバクーの石油が渡るのを防いだという点で成功であったといえる。

　第2に，イラン領内へのインド側からの鉄道の延伸の問題である。すでにインド政庁はバルーチスターンのヌシュキから対イラン国境のミールジャーヴェまで鉄道を延伸しはじめていたが，これをさらにイラン領内までのばすことをイギリス政府が認可したのが1918年8月のことであったのである。

　第3に，サムサーモッサルタネの更迭である。これは8月3日のことであった。代わって政権をになったのが親イギリスのヴォスーゴッドウレであった。この背景には，ヨーロッパの西部戦線において協商側有利へと情勢が転じつつあったことや，パレスティナとブルガリアにおけるイギリスの成功があった。加えて，タブリーズからのトルコの進撃が予想されていたほど迅速でなかったことや，ダンスターフォースのバクー遠征も政権交代の大きな要因であった。

　第4に，イギリスによるクラスノヴォーツク占領である。クラスノヴォーツクはカスピ海東岸に位置するザカスピ鉄道のターミナルである。8月末，イギリスがこの町を奪取した。

　このように，イランのみならず周辺地域を含めての多くのことが，イランにおけるイギリスの地位が保たれているかどうかという点にかかっていた。このため，インド政庁は，イランの政府と人々のイギリスへの信頼を回復させるような政策を主張していた。これには，英露協商と南ペルシャ＝ライフル隊という2つの障害があった。そこでイギリスは，英露協商が一時失効していると宣言し，南ペルシャ＝ライフル隊のイラン軍への編入を持ち出した。そして見返りに，イラン政府が南イランの秩序回復に協力するよう求めた。

　これに対してイラン政府は，上記2点に加えてイランの独立，この3点に関するイギリスの政策を明確にするよう求めた。その結果11月，イギリスは，イランの独立に関する以前の誓約を確認すること，英露協商が一時的に停止しており，その廃棄に向けて努力すること，そして南ペルシャ＝ライフル隊をファールス総督へと移管すること，この3点を明言した。

　ヴォスーゴッドウレは国内の治安問題に大きな成果をあげた。すなわち彼は，

懲罰委員会の処理とエスファハーン地方の盗賊の殲滅に成功したのであった。だが，南部の治安はいまだ改善されず，イギリスが部隊を派遣するにいたった。

　1918年10月30日，協商側とトルコとのあいだでムドロス休戦協定が結ばれた。これによって協商側は黒海へ自由にアクセスできるようになり，バクーとバツームを占領し，そしてトルコ軍に，イランから撤退するよう要求した。タブリーズの南にいたトルコ軍は徐々に撤退していった。

（3）イランの独立と中東経済の成立

　11月11日，ドイツと協商側とのあいだで休戦協定が，パリ北東のコンピエーニュの森で調印された。通常，これをもって第一次世界大戦の終結と見なされる。だが，イランでは戦争は終わったとはいえなかった。イギリスとロシアの軍隊が国土のかなりの部分を支配していたし，ジャンギャリーという「不安定要素」が存在した。中央政府の力はきわめて弱く，イギリスからの資金注入でようやく命をつないでいるという状態であった。西部を中心に人々は飢饉に苦しんだ。これら，領土的統合，国家維持金融，そして飢饉の問題についてここに至る1年ほどの経緯を簡単にまとめれば以下のようになる。

　まず，領土的統合の問題であるが，1918年3月のブレスト＝リトフスク条約で，イランの領土的統合の尊重が明言されている。その2カ月前，同年1月には，イギリスがアメリカに，イランの領土的統合の尊重を戦後に宣言することに加わらないかと誘った。加えてイギリスはアメリカに，イランへの銀の貸出を行なわないか，と打診している。また，イランはアメリカに，飢饉救済のための約2万ドルの資金供与を依頼している。

　資金が不足していたのはイランだけではなかった。ヒジャーズでもそうであった。ヒジャーズで必要とされていたのは，銀よりも金であった。イギリスはこの地にゲラトリー＝ハンキー商会を通じて定期的に資金を注入していたのだが（ヒジャーズ助成金），それでも足りないという状況に陥っていた。エジプト国民銀行発券部の金準備も底をつきつつあり，これ以上あてにはできず，「イギリス自身」が資金を肩代わりした。

　以上のようにイギリスは資金の工面に苦労していた。インド政庁の資金をイ

ンド国民銀行を経由して入手するという案が考え出された。もしインド政庁がこれに応じるならば，これら資金を造幣する費用をイギリス財務省が供与する，とされた。この費用は，イランへ向けて積みかえるためにすでにインドへと運ばれている資金から支払われるとされた。このように，ヒジャーズへの資金供与とイランへのそれとが1つの文脈に収まった。ここに筆者は，世界金融史的観点からみた中東の成立を見出すことができると考える。

注
（1） 本書において「金」という字で「かね」と読ませる事例は存在しない。すべて「きん」である。

第1章

諸外国によるイラン支配の諸態様
——イラン駐在イギリス公使の機密文書から——

1 戦前との違い

　第一次世界大戦期，戦前からの諸外国のイランへの浸透は，さらにその度を深めていった。北部には戦前に侵入していたロシア軍が居座りつづけ，西部でトルコ軍と交戦した。南部ではイギリスが南ペルシャ＝ライフル隊（South Persia Rifles）を組織した。ギーラーン地方ではジャンギャリー（Jangali）と呼ばれるパルチザン勢力が反列強・反中央政府の闘争を繰り広げていた。歴代の政権はいずれも短命で，中央政府が首都を脱出するなど，統治能力をほぼ完全に失っていた。
　イランは混乱の極にあり，もはや統一された独立国とはいえなかった。戦後にはクーデターが起こり，それに引き続いて王朝が交代する（1925年）。
　このように，第一次世界大戦期はイランにおいて1つの時代が終わりを告げ，次の時代へと移行していく時期であり，研究対象として非常に重要な時期であるといえる。
　この時期の歴史的意義を考える場合，諸外国のイランへの浸透そしてイラン支配が戦前とどのように異なっていたかという点が重要なポイントの1つとなると思われる。戦前はイギリス・ロシア両国による浸透に金融が深く結びついていたのであるが，大戦期はどうであったか。この点の解明を試みるにあたり，まず本章で，大戦勃発時という時間的断面に焦点を絞ることにしたい。
　これまで，この大戦勃発時における諸外国の浸透ないし支配の問題については，管見の限り，世界的にみて研究は皆無であった。その原因の1つとして史

料的制約を挙げることができるかもしれない。ところが近年，この時期をも網羅するイギリスの外交文書集（*IPD*）が公刊され，これによって史料的制約はかなり緩和されることとなった。本史料集は1881年から1965年までを対象としており，14巻から成っている。それぞれの時代の全体像を知るに足る詳細なものであり，たとえば1910〜1920年を扱う第5巻は xi＋866ページを数える。その大部分が機密文書であり，時系列的連続性・網羅性という点からも史料的価値はきわめて高い。

本章ではこの史料集の第5巻に収められている2つの文書，すなわちイラン駐在イギリス公使から本国外務大臣宛の1914年9月1日付の機密文書と同巻の7月6日付の，同じく同公使から同外相宛の文書を主要史料として用い，課題を果たしていくこととする。

2　開戦直後のイラン

（1）第一次世界大戦勃発とイラン

1914年6月28日，ボスニアの都サライェヴォで，オーストリア帝位継承者夫妻がセルビアの一青年によって暗殺された。これに対して，オーストリアは最後通牒を突きつけた。セルビアはこれを受け入れず，7月28日，オーストリアはセルビアに宣戦を布告した。8月1日にはドイツがロシアに宣戦を布告し，ついで同月3日，フランスとドイツが戦争状態に入った。翌日にはイギリスが，ベルギーの中立がドイツによって侵害されたのを理由に，ドイツに宣戦した。同月23日には日本が日英同盟を理由にドイツに宣戦し，このようにして，世界的規模の空前の大戦争の幕が切って落とされた。

開戦直後のテヘラーンの状況を，イラン駐在イギリス公使タウンリー（Walter Townley）は，9月1日付の本国宛の報告書で次のように伝えている。

開戦直後，多数のドイツ臣民，フランス臣民が入隊のためにテヘラーンを去った。

戦争のニュースは，日々，インドを経由してテヘラーンへと届き，『ラアド』

紙上に翻訳・掲載された。ペルシャの大衆は日々の戦争のニュースを熱心に注視しているが、彼らの同情が、ロシアやその同盟国に寄せられているわけでは決してないことは否定できない。　　　　　　　（*IPD* vol. 5, p. 652）

　開戦時、すでに多数のロシア兵がイランに居た。1905年から11年にかけての立憲革命によってイラン史上初めて憲法が制定されマジュレス（Majles）が開設されるが、この革命は1908年から翌年までの反革命期をあいだに挾んでいた。1909年、ロシア軍は革命防衛の牙城たるタブリーズを奪取しようとする反革命側を助けるため、アゼルバイジャン(1)に侵入した。彼らの中には、他の北部諸地方へと移動する者もあった。1911年末の立憲革命崩壊は、ロシアの軍事的圧力によってであった。1912年5月には、ロシアはマシュハドのイマーム＝レザー廟を砲撃した。これは反乱鎮圧のためであったが、イラン国内の最も重要な宗教的聖地へのかかる行為は、イラン中の人々の怒りを喚起した。1914年夏までにはイラン北部のほとんどすべてが事実上ロシアの支配下に入った（*IPD* vol. 5, p. viii）。

（2）ロシアの北部支配

　このロシアによるイラン北部支配が具体的にどのようなものであったかは同じ開戦直後の報告書における次のような記述からある程度窺うことができる（引用文中の〔　〕は筆者によるもの、以下同様）。

（A）タブリーズ〔アゼルバイジャン地方〕

① マークーのハーン〔首長〕が、8月初めに、子息とともにロシア当局に捕らえられ、ティフリス〔トビリスィ〕に連れて行かれた。同族のネエマトッラー（Ne'matollah）という者が後継に据えられた。このハーンは長年ロシアに対して不満を表わしていたのだが、彼が捕らえられ放逐された直接の原因は、彼が武器を輸入しトルコと陰謀を企てることにかかわっていたことにあった。彼を捕らえるにあたり、ロシア当局はペルシャ政府に何の相談もしなかった。ペルシャの領土においてペルシャの行政官を捕らえ

免職するにもかかわらず，である。
② タブリーズでロシアの警察行政が組織されたと伝えられている。ペルシャ政府への相談は一切なかった。その目的は，コーカサスからの好ましからざる移民の動きを監視することであった。
③ タブリーズにおいてビジネスは，戦争のために停頓している。
④ オシュヌーでは，首長（Governor）の署名入りの次のような趣旨の布告が掲示された。「〔アゼルバイジャン〕総督の命令に従い，そしてロシア領事館の同意に基づき，貴顕をはじめ税を納めるすべての者は，今後，税を首長を通じてロシアの銀行への支払いとしてロシア領事館に送金すること」。   (IPD vol. 5, p. 652)[2]

　このように，ロシアの支配は，軍事のみならず，行政官の任免，警察，徴税という支配の本質をなす重要な領域全体に及ぶものであった。
　なお，①で「トルコと陰謀を企てていた」とあるが，アゼルバイジャン地方はロシアのみならずトルコとも接しており，住民も大多数がペルシャ語ではなくトルコ語を母語とするトルコ系であるということを申し添えておきたい。
　イランの税をロシアが徴収するという点（④）も注目に値する。ここでロシアの銀行とはペルシャ割引貸付銀行（Учётно-ссудный банк Персии）のことである。同行は戦前は対イラン「資本主義的征服政策」の担い手であったが（［水田］56～65ページ），本章の対象とする時期には，少なくともアゼルバイジャン地方に関する限りは，ロシアの全面的支配の徴税・金融面での担い手へと変質したといえるであろう。

（B）ラシュト〔ギーラーン地方〕
① 前摂政閣下が8月13日，ヨーロッパへ向かう途上，〔ラシュトを〕通過した。
② セパフダール（Sepahdar）が，自らの地所の近くの土地をロシア人たちに賃貸ししていることを不安に思っている。
③ 8月15日，ラシュト駐在ロシア公使代理がターレシュへと行き，首長を

追放し，キャルギャンルードの副首長を打ち据え投獄し，税を徴収していたあるキャドホダー〔村長〕を打ち据え，罰金を科し投獄した。これらの表向きの理由は，最初に言及した官吏〔ターレシュの首長〕がロシア軍に対して侮辱的な言葉を発したためとされるが，本当の理由は，税がきちんと徴収されつつあったことであるように思われる。

④　アスタラーバード，ゴンバデ＝カーブース，カラスー，チャトリー，マラヴェ＝タッペ，マシュハデ＝サルのロシア兵たちと，耕作のためにアスタラーバードに来ていたロシアの農民たちは全員，ロシアへと去ったと伝えられている。また，バンダレ＝ギャズとアスタラーバードで商業に従事していた多くのロシア国籍のアルメニア人たちが戦地に赴くことを強いられた。ロシア兵たちが最近ガズヴィーンに向けてアンザリーに到着している。駐屯隊の人員数は，ロシアの情報源によれば現在□□〔空白〕人である。
(*IPD* vol. 5, p. 653)

②③④から，ロシアの兵士たちのみならず，農民たちもイランに侵入していたことが分かる。すなわち，入植していたのである。法的・形式的にはともかく，実質的にはこの地方はロシアの植民地なのであった。

③でなぜ「税がきちんと徴収されつつあること」がロシア公使代理のこのような行動の原因であったのか，この史料には明記されていないが，徴税されるのがロシア人であると考えれば，説明がつく。つまり，植民者に対して被植民「政府」が課税するとは何ごとか，ということなのであり，しかし法的・形式的にはイランあるいは同地方が植民地であるわけではないので，これを表向きの理由にするわけにはいかない，ということなのであろう。

②も詳細は不明だが，おそらくこのような点と関係があるのであろう。

ここで，セパフダール（Mohammad Vali Khan Tonakaboni Sepahdar）は，反革命クーデターによっていったんはついえた立憲制を再建（第２立憲制）するのに寄与した，ラシュトからテヘラーンへの進軍部隊の総司令官であり，第２立憲制期，戦争相に就任した有力者であった。彼はマーザンダラーン地方のトナカーボンの名家の出で，大土地所有者であった。ギーラーン知事を務めたこ

ともあった (Rabino pp. 21-22)。

（C）マシュハド〔ホラーサーン地方〕
① 〔マシュハド駐在〕ロシア総領事は，テヘラーンのロシア公使からの指示によりマシュハド゠バージギーラーン道での作業をグーチャーンで止めさせた[3]。それは，財務局によって着手されたのだが，〔今後は〕ペルシャ政府とロシアが共同で遂行していくことになっている。
② ダッレギャズの首長は，同地の防衛のために手広く準備を行ないつつあり，ロシアからライフル銃を買い，大量の弾薬筒を密輸入し，騎兵を徴募しつつある。国庫長官は，総督に，その人物〔ダッレギャズの首長〕を罰するように再び求めた。しかし総督は賢明にも，彼をそのままにしておくことにした。同趣旨の命令が内務大臣から届いたにもかかわらず，である。ミールザー゠マスウード゠ハーン（Mirza Mas'ud Khan）〔ダッレギャズの首長：IPD vol. 5, p. 657〕は大変強力であり，たとえ攻撃されても，必ずやロシアによって直接あるいは間接に助けられるであろう。
③ ロシア軍は戦争のために撤退した。彼らの撤退が無秩序に結びつくとは思われていないが，この地方の諸道は危険であるように思われる。

(*IPD* vol. 5, p. 653)

この（C）②もロシアの支配の実態を知る上で重要である。すなわち，地方の末端の行政官が，ロシアと軍事的に結びついており，しかもその力が強大で，それに対して中央政府もこれを見過ごすわけにはいかず措置を講じようとするのだが，直接，事に当たるべき総督にその力はなかったのであった。

ダッレギャズはロシアとの国境地帯に位置しており，この地域を含むホラーサーン北部国境地帯では「ロシアによる，土地と影響力を得るための全般的運動」が展開していた（*IPD* vol. 5, p. 636）。

アスタラーバード地方では，ロシアの移住者への土地の売却または賃貸は，いくつかの場合，ロシア軍を用いた力によって支えられている。

第 1 章　諸外国によるイラン支配の諸態様

(*IPD* vol. 5, p. 632)

　農民の植民が軍事力と直接的に結びついていたということが，ここにはっきりと確認できる（なお，この記述は (B) ④より前の事実である）。また，この点は，(B) ②のセパフダールの不安のありかが，上で指摘したよりもさらに奥深いところにあったことを指し示しているようにも思われる。
　なお，以上で「ロシアの農民」とか「ロシアの兵士」という表現が用いられているが，この場合「ロシアの (Russian)」とは，「ロシア民族の」という意味ではなく，「ロシア帝国の」という意味であると考えるべきであろう。次の記述がこれを支持しているといえる。

　アトラク川沿いのペルシャ北部へのトルキスタンからのさらなる移民が報告されている。　　　　　　　　　　　　　　　　　　(*IPD* vol. 5, p. 624)

植民のための会社がつくられたが，これもロシア゠プロパーにではなく，中央アジアにおいてであった。

　アスタラーバード地方での土地の獲得のために，1つの会社がタシュケントで設立された。高価な土地がたいへん安い価格で売却されつつある。同社はすでに数千エーカーの土地を購入した。ホラーサーンにおけるロシア臣民の人口調査が最近行なわれ，その数4000人と見積もられた。

(*IPD* vol. 5, pp. 601-602)

　このように，「ロシアの農民」とは中央アジアの農民であったのである。「ロシアの兵士」「ロシア軍」も，具体的には中央アジアの第13トルキスタン゠ライフル連隊とセミレチエ゠コサックのことであった (*IPD* vol. 5, p. 528)。
　以上のように，ロシアのホラーサーン支配は，植民という点では，中央が直接乗り出すという形ではなく周縁部の外部への伸張という形で行なわれたのであった。彼ら，周縁のさらなる周縁的存在(4)も，遠くヨーロッパで発生した戦争

35

によって，(ヨーロッパ戦線まで行ったかどうかはともかくとして) 帝国の国境線内部へと呼び戻される ((C) ③)。この戦争の世界大戦たるゆえんである。

次に (C) ①についてであるが，これは (C) ②と1つの文脈の中でとらえることができる。

まず第1に，グーチャーンおよびバージギーラーンとダッレギャズとが近接しているという点を念のため確認しておきたい。

グーチャーンもロシアの絶大な影響力下にあったことは，ダッレギャズと同様，あるいはそれ以上であった。史料に明確に次のように記されている。

グーチャーンの統治はほぼ完全にロシアによって奪取されたように思われる。
(*IPD* vol. 5, p. 545 ; 同史料集同巻 pp. 528, 531 も見よ)

このように，ロシアは地方の郡，町，村といったレベルでの行政を支配下に収めていったわけであるが，それはさらに，州全体からのそれらの切り離し，すなわち行政区画の変更の試みにまで展開していった。

ロシアは，グーチャーン地方，ダッレギャズ地方，キャラーテ＝ナーデリーン地方のホラーサーンからの行政的分離を確保しようと努めていると思われるが，それは，〔イギリスによる〕スィースターンおよびガーイェナート分離への対抗としてである。ロシアの銀行〔ペルシャ割引貸付銀行〕は，総領事に支持されて，マシュハド＝アシュハーバード道路利権をライーソットッジャール (Rais al-Tojjar) から譲渡してもらおうと努めてきた。ライーソットッジャールは，このロシアの銀行に大きな負債がある。
(*IPD* vol. 5, p. 620)

このように，イラン東部へは北に隣接するロシア帝国のみならず，南（東南）のイギリス帝国も進出していた。

また，ここで出てきたライーソットッジャールなる人物は，19世紀末のイラン随一の商人にして金融業者アミーノッザルブ (Haji Mohammad Hasan 'Amin al-Zarb）の兄弟の子であった。1937年に発信されたイギリス外交文書に次のように紹介されている。

> 彼は，シールヴァーン，サブゼヴァール，ボジュヌールド，マシュハド，グーチャーンなどに土地をたくさん所有していた。戦争〔第一次世界大戦〕前，マシュハド＝バージギーラーン荷馬車道路利権をもっていた時期，ロシアの絶大な影響下にあった。何度か，ホラーサーン代表のマジュレス代議員を務めた。常に現金に窮しており，イラン帝国銀行（Imperial Bank of Iran）と悪い関係にあった。同行は，かつて彼に一杯食わされたと思っていた。
>
> （*IPD* vol. 10, p. 399）

なお，ここでイラン帝国銀行とは，ペルシャ帝国銀行（Imperial Bank of Persia）の改称後の行名である。ペルシャ帝国銀行は，イランにおける独占的発券銀行として1889年に設立されたイギリスの海外銀行にしてイランの国立銀行である（［水田］33ページ）。

ロシアはこの道路をザカスピ鉄道に接続しようとしていた。この接続はアシュハーバードにおいてではなく，その東南東のアルティクにおいてであった。すなわち，マシュハドからグーチャーンを経て（バージギーラーンではなく）ダッレギャズからアルティクへというルートである（*IPD* vol. 5, p. 536）。そして，これは，この路線での鉄道敷設をも視野に入れてのことであった（それ以外のルートでも）（*IPD* vol. 5, pp. 545, 613）。

このように，ロシアによるホラーサーン北部国境地帯支配は，鉄道と道路を通じた対外進出という観点から理解することができるものなのであり，ここにもアゼルバイジャンにおける徴税と同様，銀行が大きく関与していたのであった。

（3）南部へのイギリスの非軍事的・非植民的浸透

それでは，イギリスのプレゼンスはどのようなものであったのであろうか。同じ文書における次のような記述が注目される。

〔ケルマーンシャー〕総督ファルマーンファルマー〔'Abd al-Hoseyn Mirza Farmanfarma〕が8月5日にケルマーンシャーを去り，しばらく前から総督代理を務めていたサルダール＝モオタゼド（Sardar Mo'tazed）が明確に総督職の権力を握った。ファルマーンファルマーは去る前に極端に妨害的になり——テヘラーンへの途上においてさえ，彼は陰謀を続けた——そのことによってサルダール＝モオタゼドの状況を非常に困難なものにした。サルダール＝モオタゼドは，ファルマーンファルマーが去るやすぐに貿易路を通行可能な状態にしておくための，自分にできるあらゆることを行なう，とイギリス領事に請け合った。　　　　　　　　　　　　　　(IPD vol. 5, p. 655)

　ここで，「通行可能な状態にしておく」とは，治安維持のことである。地方の州知事（権力掌握者）が外国領事にこのようなことを請け合っているのは，この道路が重要な貿易ルートであったからである。バグダードとイラン中央部とを結ぶこのルート（以下，バグダード＝ケルマーンシャールート）はイランの主要な対外貿易ルートの1つであった。貿易ルートを押さえることによるイギリスの対イラン経済浸透といえば，エスファハーンとアフヴァーズとを結ぶ道路が有名であるが，その比較的近くを通るこのルートの重要性も軽視されてはならない。1909/10年度の関税収入をみると，アフヴァーズはモハンマレと併せても4万1000ポンドであるのに対し，ケルマーンシャーは11万4000ポンドにのぼっている。これは，スエズ運河開通（1869年）とティグリス川汽船航行によるものであった（[Issawi] 1971, p. 74）。イラン全体に占める比重という観点からみてもこのルートは重要なものであった。

　これ以外に，この文書におけるイギリスに関する記述は，ドイツ副領事を務めていたイギリス臣民が戦争勃発によって辞任したことや，イギリス領事館に無頼漢たちが逃げ込んできたといったことぐらいであり，北部におけるロシアについてみたような植民や軍事的進出の記述は皆無である。

　ただし，この史料には記されていないが，イギリスはペルシャ湾岸の港町ブーシェフルに部隊を駐屯させており，したがって，イランにおける軍事的プレゼンスが皆無というわけではなかった（[Planhol] p. 571）。だが，小規模であ

り，ロシアのように各地に展開してイランの一部をいわば面として支配していたというわけではなかった。

いずれにしても，少なくともこの史料をみる限り，イラン支配あるいはイランへの浸透の質がイギリスとロシアでまったくちがっていたことがうかがえる。また，イギリスのイランへの浸透は東南部のみならず，南部全体に及ぶものであった（もちろん，多かれ少なかれ北部にも）。1907年の英露協商でイギリスの勢力圏は東南部とされたが，このことをもって，その浸透が東南部にとどまるものであったと誤解してはならない。

(4) トルコの戦争準備

このバグダード＝ケルマーンシャールートに関しては，同じ史料における次のような情報も見逃せない。

トルコの軍事的準備によって，ハーネギーンとバグダードとの間の貿易が完全に止まっている。
ハーネギーンからの報告によれば，トルコが，もしペルシャがトルコ側に加わらなければペルシャを攻撃すると脅し，ロシアに対する聖戦を説いている。トルコ人たちはメソポタミアにおいて動員されており，彼らはペルシャの郵便・電信の職員たちを追放した。ハーネギーンで彼らは6個連隊分の食糧を準備しつつある。8月18日，ペルシャ人コサックが，そして同月20日にはロシア人の大佐ウチャコフ（Uchakof）がさらに多くのコサックとともに，ハマダーンからケルマーンシャーに到着した。

(*IPD* vol. 5, p. 655)

トルコが同盟側に立って参戦するのは10月末のことである。その2カ月ほど前にすでにこのように戦争に向けての態勢を整えていたのであった。コサックのケルマーンシャー到着もこうしたトルコ側の動きと関係があるのであろう。

39

(5) 中部におけるドイツ

同史料におけるドイツへの言及は，すでに述べた断片的なもの以外に下記のエスファハーンに関するもののみである。

〔在エスファハーン〕ドイツ公使館の代表者は，ゴミーシェの「ロシアの」臣民（ryots）とプーデの「ドイツの」臣民の事件に関して，ロシア領事をして自分と交渉させることに失敗し，テヘラーンに帰り，そこから戦場へと赴いた。　　　　　　　　　　　　　　　　　　　　　　（*IPD* vol. 5, p. 653）

この地域で，ドイツとロシアの間に何らかの問題があったことがわかる。詳細な情報ではないが，ドイツ対ロシアという構図の，本史料における唯一の事例であるということを指摘しておこう。このほか，このエスファハーンについての情報には非常に重要な諸問題が含まれていると思われるので，節を改めて詳しく論ずることにしよう。

3　「エスファハーンで世界は半分」

(1) 総督対ロシア

前節の最後に引用した部分に引き続き，次のような記述がある。

エスファハーンにおける局地的事態は総督を除こうとするロシア領事の決意のゆえに厄介なものになりつつある。ロシアの銀行〔ペルシャ割引貸付銀行〕の支配人は300名ほどの武装した者たちをゼッロッソルターンのエスファハーンの屋敷に集結させた。この目的が何なのかは不明であるが，これはこの町にかなりの動揺をもたらした。総督は最近穀物価格を引き下げるための手はずを整えつつある。これがもし実行されれば，ゼッロッソルターンの利益はかなり減ることになるであろう。ロシアは，総督はゼッロッソルターンのたくわえから力ずくで穀物を奪うつもりである，と指摘した。総督は，この話は事実無根である，と言っている。　　　　　　　　（*IPD* vol. 5, p. 653）

まず顕著なこととして，銀行が，銀行自体が直接的に武装行動を行なおうとしていたことを挙げることができる。このほか，この記述と前節の最後に引用したゴミーシェ゠プーデ事件とには若干詳しい説明が必要である。

（2）英露協商とその矛盾

話は1907年の英露協商にさかのぼる。この協商は，ドイツの脅威に対抗するためにイギリスとロシアが手を結んだものであり，ここに，それ以前に結ばれた露仏同盟，英仏協商とあわせ三国協商が成立した。これ以後，ヨーロッパの国際関係はこの三国協商とドイツ，オーストリア，イタリアの三国同盟との対立を基軸に展開していくこととなり，おおよそこの構図のまま（イタリアは中立ののち協商側に）第一次世界大戦へとなだれ込んでいくことはよく知られている通りである。

この協商では，アジア大陸西部における両国の利害調整が行なわれた。すなわち，チベットについては内政不干渉が約され，アフガニスタンはイギリスの勢力圏内にあると認められ，イランについては，北部はロシア勢力圏，東南部はイギリス勢力圏，それ以外は中立圏と定められた。

つまりイランは分割されたわけである。1914年7月6日，すなわちサライェヴォ事件（6月28日）後のことであるが，イラン駐在イギリス公使タウンリーは外相グレイ（Edward Grey）報告でこの問題を取り上げ，そしてこの問題の中に，ゴミーシェ゠プーデ事件とペルシャ割引貸付銀行の武装行動の件を位置づけて論じている。以下，これに即して見ていくことにしよう（*IPD* vol. 5, pp. 639-646）。

この協商は，イギリスとロシアはそれぞれの勢力圏で通商利権の独占権を有し，中立圏では双方とも，他方の同意のもと，利益を追求することができるというものであったが，問題は「英露協商調印前にペルシャにおいて明確に認められていたイギリス権益の断然大きな部分が〔イギリス勢力圏ではなく〕中立圏に位置」しているという点であった。したがって，ロシアの中立圏への「侵犯（encroachment）」は，いかなるものであれイギリス権益を害する性格を有することになる。

加えて，エスファハーンの町——それは，おそらくペルシャにおけるイギリス通商の揺籃の地と考えられる——はロシアの直接的勢力下に入った。この事実は，この国の無秩序状態の結果としての南部貿易ルートの実質的な閉鎖と相俟って，この国の古都〔エスファハーン〕から，イギリス貿易を追い払うことをロシア貿易に可能にした。……〔中略〕……ロシアの貿易はエスファハーンに強固な足掛かりを獲得した。エスファハーンは，また，ロシアの領事および銀行支配人の支配下に，ほぼ完全に入った。　(IPD vol. 5, p. 640)

以上で，報告者は，1907年英露協商の矛盾を2点挙げている。すなわち，第1に，イギリスの権益の断然大きな部分が位置している地域がイギリス勢力圏ではなく中立圏とされたこと，第2に，エスファハーンが，イギリス通商の揺籃の地であるにもかかわらずロシア勢力圏に入ったこと，この2点である。

（3）ロシア系銀行による有力王族の資産管理

そしてこの2点が，その後のエスファハーンの情勢を大きく規定することになる。上記引用の続きを見ることにしよう。

ゼッロッソルターンの莫大な財産が，現在，後者〔銀行支配人〕によって管理されているが，その取り決めが，エスファハーンの町と地方の今日の事態をもたらすのに少なからず寄与した(6)。エスファハーンの町と地方は，今日，完全にロシアの政治的影響下にある。　　　　　(IPD vol. 5, p. 640)

ここに，本節冒頭の引用に出てきたペルシャ割引貸付銀行とゼッロッソルターン（Mas'ud Mirza Zell al-Soltan）とのつながりについてのより本質的な（といってよいであろう）情報を見出すことができた。すなわち，ロシアの銀行がイランの地方資産家の財産を管理していたのである（管理下に入ったのは1913年5月2日；BDFA [I B] vol. 14, p. 408; IPD vol. 5, p. 595）。

しかも，ゼッロッソルターンはただの地方資産家ではない。

この人物は第4代国王ナーセロッディーン＝シャー（Naser al-Din Shah-e

第1章　諸外国によるイラン支配の諸態様

Qajar) の長男（母親がガージャール朝の王女でなかったため，王位継承の資格を欠くとされた）で，絶頂期にはエスファハーン，ファールス，エラーク，ヤズド，アラベスターンの知事（総督）職を一手に収め，1万5000人ほどの軍隊を有していた。この軍隊は「息子の名声と地位に嫉妬するようになった」ナーセロッディーン＝シャーの命令によって解散させられ，ナーセロッディーン＝シャーの死去時には，彼は知事職としてはエスファハーン知事職を有するのみとなった。非常に富裕で，25万ポンドほどの財産と村落を所有し，ヨーロッパの諸銀行に50万ポンドほどの資金を有していた。G. C. S. I.〔イギリスの勲位〕（*FO* 881/7028, p. 35; *FO* 881/8777X, pp. 91-92)。

　以上がイギリス政府の機密文書が紹介するゼッロッソルターン像であるが，イギリスの勲位を有するのに，なぜロシアとこのように強く結びつくのであろうか。おそらくこのあたりを見越してのことであろう，報告者は引き続き，新たにパラグラフを起こしてその冒頭に次のように記している。

　　ゼッロ〔ッソルターン〕と彼の子息たちを，ペルシャの中部諸地方の大部分をこのようにロシアの影響下へと引き渡したことで非常にきびしく非難することはむずかしいであろう。　　　　　　　（*IPD* vol. 5, p. 640）

　そして，その理由として，総督の一族であるバフティヤーリー族は略奪者との好ましからざる評価を得ており，しかもゼッロッソルターン一族と長年の仇敵の関係にあったため，ゼッロッソルターンは自らの財産の保護を外国に求めたのだ，という点を挙げている。
　保護をイギリスから得られなかったのでロシアを頼ったのであり，「それは税収増という点に関する限りは，私〔タウンリー〕の理解ではきわめて満足すべき結果」をもたらしたとのことである。この最後の税収増云々という点が，本節冒頭引用中の穀物をめぐる問題と何らかの関係があるのであろう。

（4）ドイツ，ロシアの非植民的進出
　さらに報告者は次のように述べている。

43

ゼッロ〔ッソルターン〕の姉（または妹）のバーヌーイェ＝オズマー〔Banu-ye 'Ozma〕もまたロシアの保護を享受しており，彼女の莫大な財産は，あるロシア人によって管理されている。最近，ドイツの染料会社に勤務しているプヒン博士（Dr. Pugin）というチリ人が登場し，エスファハーンの南のいくつかの村を賃借した。人命の損失を伴うけんか騒ぎが，プヒン博士の（ドイツの）村民たちと，バーヌーイェ＝オズマーの地所の（ロシアの）村民たちとの間で，これまでに起こった。このことは外国人による財産の賃借に危険が伴う可能性があることを示している。というのは，現在の状況においては，賃借された村の住民たちはすべて賃借人の保護下に渡り，ペルシャ当局の司法権を事実上認めなくなるからである。　　　　　(*IPD* vol. 5, p. 640)

　ゴミーシェ＝プーデ事件の詳細が，これでかなり明らかになった。ドイツとロシアは，村全体を賃借することによってその村民をも実質的支配下に置いたのであった。賃借を通じての進出はロシアのイラン北部進出についても見られた（第2節（B）のセパフダールと（C）の説明中のアスタラーバードの事例）が，その場合は，耕作に従事する者たちも進出していた（すなわち植民）——後者の場合は明らか，前者もおそらくそうであったであろう——。それに対して，この場合は，進出する側が植民するのではなく，元々そこに居住しているイラン人村民たちは自らの保護下に置き帝国臣民とするのである。そして，このようにしてドイツ帝国臣民，ロシア帝国臣民になったイラン人たちが相互に争うのであった。

　なお，こうしたエスファハーンでの賃借による強国の保護の拡張がイランの財政にとっての損失を意味する，との記述が史料（(*IPD* vol. 5, p. 636)）に見られる。詳細は不明だが，アゼルバイジャンの事例（第2節（A）④）と同様，支配下の村落の税収がイランではなくロシアに入ったと推測される。

（5）国家内部の国家と諸帝国

　そして，ゴミーシェ＝プーデ事件とロシア系銀行の武装行動の件とが1つの文脈の中に位置づけられうるということも，以上によって明らかになった。す

なわち，「ドイツ＝ロシア村民間抗争」と「ロシア・ゼッロッソルターン対バフティヤーリー対立」とが，バーヌーイェ＝オズマーという人物を結節点として統合されたのである。

　ここで，ゼッロッソルターンはロシアと結びついていたのだが，これに対してバフティヤーリーがドイツと結びついていたということではなかった。ここには述べられていないが，バフティヤーリーと結びついていたのはイギリスであった。

　イギリスの重要な貿易ルートであるアフヴァーズ＝エスファハーン間道路は，彼らバフティヤーリーの居住地を通っていた。この道路はイギリスの貿易会社リンチ商会（Lynch and Company）にちなんでリンチ道路とも，あるいはバフティヤーリー道路とも呼ばれた。

　石油が発見されたのもこの地においてであった。1908年に石油が発見され，それを基にアングロ＝ペルシャ石油会社（Anglo-Persian Oil Company, 現在のブリティッシュ＝ペトロリアム，British Petroleum）が設立されることになったマスジェデ＝ソレイマーンは彼らの冬営地（冬に滞在する地）に位置していた。このため，バフティヤーリーの有力者たちは，石油施設の安全確保の対価として，第1開発会社（First Exploitation Company；アングロ＝ペルシャ石油会社の前身ともいうべき会社）の株式の5％を与えられ，その結果，アングロ＝ペルシャ石油会社の利益の一部を25年間にわたって得る権利と，同社撤退後にかなりの補償を得る権利を獲得した（[Digard] p. 557；[Ferrier] pp. 53-54, 71, 103-104；[Rouhani] p. 24）。

　このようなことから，彼らはイギリスによって操縦され，中央政府に敵対することもあった。1909年，彼らはテヘラーンへと進軍し，北のラシュトからのセパフダールの進軍部隊（前述）とともにこれを挟撃する形で制圧し，反革命期を終わらせ，マジュレスを再建した。すなわち，彼らバフティヤーリーは革命再建の立役者なのであった。ここで論じている時期の5年前のことである。こうした軍事的成功によってバフティヤーリーの有力者たちは威信を高め，この機会に近くの農村の土地をわがものにしていった。当時，バフティヤーリーは「国の中の国」であったと言って決して過言ではないであろう（[Digard] p.

557)。

　バフティヤーリーがエスファハーンを手中にしたのは1910年ごろのことであり，それ以来，総督は代々，同部族の者であった (*IPD* vol. 5, p. 640)。

　前述の通り，ゼッロッソルターンが保護をイギリスに求めたが得られなかった。おそらくこれは，イギリスがバフティヤーリーのことを配慮してのことであったのであろう。もっとも，イギリスがバフティヤーリーを，この局地的事件について，少なくとも表立った形で支持したということはなかったようである。というのは，まず第1に，この史料のこの箇所にそのような，あるいはそれをうかがわせる記述が皆無であるし，第2に，ゼッロッソルターンと衝突するということはロシアと衝突するということであるから，英露協商体制下にあってはそのようなことはできない，ということなのであろう。

　このように，このエスファハーンの問題に，報告者タウンリーの指摘する英露協商の矛盾2点が集約的に表現されているのである。イギリスの影響下にあったバフティヤーリーの居住地は，イギリス勢力圏ではなく中立圏に組み入れられ（矛盾その1），それにもかかわらずその「都」（居住地の外にある都）であるエスファハーンはロシア勢力圏に組み入れられた（矛盾その2）のであった。そして，この矛盾2点を結びつけていたのがバフティヤーリーであった。彼らバフティヤーリーの居住地は「国の中の国」とでも言うべき存在なのであった。これを矛盾その3として立項してもよいかもしれない。

（6）栄華の都に映ずる二分された世界

　エスファハーンというと「エスファハーン・ネスフェ・ジャハーン」という文句が有名である。「ネスフェ」とは「……の半分」，「ジャハーン」とは「世界」という意味であり，したがってこの表現は，邦訳すれば「エスファハーンは世界の半分」ということになる。「世界の半分」とは「世界の繁栄の半分，壮麗さの半分」とでも補って解釈すれば分かりやすい。いずれにしても，これはエスファハーンの繁栄を表現したものであるが，ここに謳われた繁栄はサファヴィー朝期のことである。同王朝のみならずイラン史全体を通じての代表的な英主とされるアッバース1世 (Shah 'Abbas-e Avval-e Safavi) が16世紀末こ

こに都を遷し，この都市は人口50万を数える一大「国際」都市となった。

その後，アフガン人の侵入によってサファヴィー朝が滅亡してからは，この都市は今日に至るまで王朝の都となることはなかった。政治的中心としての機能が去るや，繁栄も去っていった。

このかつての「世界の半分」は，今や，そこで協商側と同盟側が相争う場となった。二分された世界をこの局地に見出すことができるわけであり，この意味において，「エスファハーンで世界は半分」ずつに分かれていたのであった。

4　「侵害される前に侵害されていた」中立

(1) 中立宣言と戦場化

大戦勃発からそれほど時を移さず，1914年11月1日，イランはこの戦争における中立を宣言した。中立を実効的たらしめるには，外国の軍隊，とくに交戦国の軍隊が自国を占領していてはいけないわけであり，このためイランはロシアにアゼルバイジャンなどからの撤退を幾度も求めたのだが，ロシアはこれを拒否した（*IPD* vol. 5, pp. 659, 662；[Jones] p. 163）。

イランの領土を侵しているのはロシアだけではなかった。トルコは，このころまでにクルドとロルを鎮圧する目的でイラン西北部に侵入を繰り返していた。

このように，中立宣言を発するまでにすでにイランには交戦国の軍隊が侵入していたのであった。概説書などには「イランの中立宣言は尊重されなかった」などと書いてあるものが少なくない。この表現は必ずしも誤っているわけではないが，「中立宣言を無視して各国がイランに侵入してきた」という誤解を与える恐れがある。事実は，中立宣言前にすでにイランの領土は侵害されていたのであった。

そして，侵入国間で交戦さえ行なわれていた。アゼルバイジャンでのロシア・トルコ間の衝突がそれである。この事態にイラン政府は抗議したが，一方イギリス外相グレイは，「ベルギーにおけるドイツの行動」のようにならないように，と述べる以上のことはできなかった。

ロシアは，「トルコは長いあいだオルーミーイェ近くのペルシャ領を侵害し

ている」と主張し，それに対して自らの戦前の（戦前から今日に至る，と解釈してよいかもしれない）イランにおける軍事的プレゼンスはイランの中立の侵害とは考えられない，とした（[Simkin] p. 23）。

　これは奇妙な論理であり大国の強弁であるが，他方，形式論理的には，あるいは外交的言説の世界では正当な主張なのかもしれない，との思いも一瞬頭をよぎる。蛇足を付け加えるならば，このいわば不思議な感覚は，本節の見出し「『侵害される前に侵害されていた』中立」の自己矛盾とおそらく根底において通じるところがあるのであろう。

　このアゼルバイジャンでの「トルコおよびそのクルドの同盟者」への対処のために，ロシアはショジャーオッドウレ（Shoja' al-Dowle）という人物を利用した（*IPD* vol. 5, p. 662）。

　なお，ここでの「クルドの同盟者」という部分と前述の「クルドとロルを鎮圧する」という記述から，クルドに親トルコと反トルコとがあったことがわかる。このクルド，それにアルメニアといった国家をもたない，あるいは国家の周縁部にいる民族の問題はきわめて重要であるが，ここではこれには立ち入らないこととして，ロシア・トルコ間の衝突についての考察を進めることにしよう。

（2）ロシア・トルコ間の衝突と汎トルコ主義

　このイラン領内でのロシア・トルコ間の衝突はトランス＝コーカサス地方でのそれと1つの文脈の中に収めてみていく必要がある。

　1914年10月30日，協商諸国はトルコと関係を断絶した。翌日，すなわちイランが中立を宣言した前日，トルコの政権を握っていた政治組織，統一進歩団（İttihad ve Terakkı Cemiyeti）は帝国全土の組織に回状を回した。それは，参戦の理由を説明するものであった。以下の2点である。すなわち，第1に，オスマン帝国を滅ぼしてイスタンブルおよび海峡を領有しようというロシアの伝統的目的から自らを守ること，第2に，自分たちの民族的理想を立証すること。すなわち，すべてのトルコ民族を包含し統合する帝国国境を獲得すること，この2点である（*PGHS* vol. 1, p. 13）。

補足するならば，第2点は汎トルコ主義のことである。トルコ民族は当時のオスマン帝国の国境外のコーカサス，イラン，中央アジアなどにも多数居住していた（トルキスタンとは「トルコ人の土地」という意味である）。こうしたトルコ民族全体の統合を目指すイデオロギーが汎トルコ主義であった。

さて，参戦の真の理由がこれら（だけ）であったかどうかはともかく，政権が国民向けに挙げた理由がこうした点であったということは注目されて然るべきであろう。すなわち，統一進歩団は，この2点が，すなわちロシアの脅威と汎トルコ主義とが最もアピールしやすいと思っていたのである。そして，この2点が重なる地理的空間がアナトリア東部，コーカサス，イラン西北部（アゼルバイジャン）なのであった。

同年11月14日，トルコのスルタン＝カリフ（オスマン帝国の世俗権力者スルタンであり，同時にイスラームの宗教的権威カリフである人物）が，トルコおよびその同盟国と交戦しているすべての国に対するジハードを宣言した。すなわち，トルコは切り札を切ったわけである。だが，結果は期待はずれであった（*PGHS* vol. 1, p. 13）。

（3） トルコの東方へのベクトル

このように，トルコの東方へのベクトルは，対ロシア戦争と汎トルコ主義を基礎としていた。トルコは，その軍事力をコーカサス戦線に傾注した。

1914年12月（あるいは，11月末ごろの可能性もあるが），トルコは，ロシア軍を包囲し打ち破ることによって，ロシアに奪われていたカルスとアルダハンを取り戻そうとしたが，大雪のために失敗した。10日間の激しい戦闘の結果，翌年の第1週までには，兵力15万名のトルコ軍は軍事組織であることをやめてしまっていた。

このようなトランス＝コーカサスとイランへのトルコの動きを，ドイツは，同盟の利益に反するものと考えていた。すなわち，ドイツとしてはトルコに，シリア経由でエジプトへと進軍して欲しかった。イギリスに対する反乱，スエズ運河の遮断，それにイギリス軍兵力の足止めという成果を期待してのことであった。

エジプトは，名目上はオスマン=トルコの宗主権の下にあったが，1882年にオラービーの反乱（al-Thawra al-'Arabiya）が鎮圧されるとともにイギリスに軍事占領され，事実上その支配下に入った。1914年12月には，イギリスはエジプトへのオスマン=トルコの宗主権を否認し，エジプトを自らの保護国とした。

このエジプトの地でイギリスを揺さぶることができれば，とドイツが考えるのはもっともなことであった。

だが，この方面は汎トルコ主義者たちにとって何の魅力もなかった。そもそも，軍事的にきわめて困難であると彼らは認識していた。また，帝国内のアラビアがすでに大きな重荷となっており，これにエジプトが加わると致命的だ，ということもあった（*PGHS* vol. 1, pp. 13-14）。

（4）アラビア半島の諸勢力

アラビア半島はオスマン帝国領であったが，内陸部までその実効的支配は及んでいなかった。イギリスも，アラビア半島への関心は基本的にインドへの道の確保という観点からのものであり，したがって海岸部に限定されていた。このようなことから，内陸部では各地に諸勢力が割拠し，相争うという状態であった。

これら諸勢力の内，その後の歴史の展開の上で重要なものとして，サウード家（Al al-Sa'ud），ラシード家（Al al-Rashid），ハーシム家（Al al-Hashimi）の3つを挙げることができる。

サウード家は，ナジュドを根拠地とする一族で，のちにサウディアラビア王国を建国することになる。この国名は「サウード家のアラビア」を意味する。

ラシード家は，サウード家の宿敵であった。この一族はハーイルを拠点としてアラビア半島中北部を支配していた一族で，一時期ナジュド（アラビア半島中央部，中心地はリヤード）中南部も支配下に収めたこともあった。最終的にはサウード家の軍門に下る。

ナジュドの西にあり，紅海に面して細長く西北から東南に伸びているのがヒジャーズ地方である。この地方については何よりもまず，メッカとメディナという両聖地が位置する地方であるということを確認しておくべきであろう。

代々,預言者ムハンマドの子孫とされるハーシム家によって支配されていた。同家のフサイン＝イブン＝アリーは,第3章で述べるように,イギリスの支援の約束(フサイン＝マクマホン書簡)の下1916年,オスマン帝国からの分離独立をめざして反乱を起こす(『アラブの反乱』)。カリフを宣言したりするが(1924年),結局は同家はサウード家に破れ,ヒジャーズはサウディアラビア王国の一部を構成することとなる。なお,クーデター(1958年)前のイラクの王家と現在のヨルダンの王家はこの一族である。ヨルダンの公式の国名ヨルダン＝ハシェミット王国(ヨルダン＝ハーシム王国)のなかに同家の名が明記されている。

さて,大戦の影が忍び寄るにつれて,トルコは,サウード家とラシード家を和解させて自らの側に立っての戦争協力をさせようと努めた。これに対し,アブドゥルアズィーズはこのトルコ側の打診を無視した。

1914年10月,クウェートのシャイフ(首長)であるムバーラク(Mubarak)はサウード家のアブドゥルアズィーズ('Abd al-'Aziz, イブン＝サウード)に書簡を送り,対トルコ戦争が起こった場合には自分はイギリス側につくのであなたも同じようにしてはどうか,と勧めた。アブドゥルアズィーズは,そのようにする,と答えた。

同年11月,イギリス政府はアブドゥルアズィーズと交渉を開始した。それは,戦争協力の見返りに,第1に,彼にトルコの攻撃から守ることを保証し,第2に,彼をナジュドとハサーの独立の支配者と認め,第3に,彼と条約関係に入るという内容のものであった。これら諸条件は,その後の交渉の基礎となっていく(*PGHS* vol. 1, pp. 23-24)。

(5)ロシアのプレゼンスとイランの中立

アゼルバイジャンでのロシア・トルコ間の衝突に話を戻そう。

ショジャーオッドウレはロシアが1911年にアゼルバイジャンを占領した際,同地方を統治するために据えた傀儡であったが,暴政をしいたがゆえに民心が離れ,1914年初めにロシアへと逃亡していた([Avery] pp. 179, 184; [Cronin 1997] p. 65; *IPD* vol. 5, pp. 473, 568; [Olson] p. 42)。

この人物の返り咲きをロシアは後押しした。11月,ショジャーオッドウレは,

アゼルバイジャンにある自らの地所を守ることを表向きの理由として，私兵を組織しはじめたのであった。イギリスは，ロシアがショジャーオッドウレの行動を抑えることを望んだ。これに対しロシア外相サゾノフ（Sazonof）は，全力を尽くすことを約束しつつ，他方では「ショジャー〔オッドウレ〕は自分の土地を守る権利を有している」とも述べた。

サゾノフは，イランがトルコに撤退を迫ることを望んだ。グレイは「この目的のためにコロストヴェッツ（Korostovetz，イラン駐在ロシア公使）と協力するようタウンリー（イラン駐在イギリス公使）に指示する」ことを承諾したが，その代わりに，ショジャーオッドウレを制御することをロシアに求めた。

12月中ごろ，サゾノフはロシア駐在イギリス大使ブキャナン（George Buchanan）に次のように述べた。

> イギリスはショジャー〔オッドウレ〕について，そしてロシアの全般的政策に不満を述べる権利を持たない。なぜならば，ロシアは重要な権益を守らなければならないし，ペルシャは死んでいるのだから。　　（[Simkin] p. 24）

イギリスとしては，このロシアの行動がイランの世論を刺激し，イランが中立を維持するのを困難にする，つまりイランを同盟側へ追いやってしまうのではないか，と心配していたのであった（[Simkin] p. 24）。

イラン政府も，ショジャーオッドウレとロシア軍の存在はトルコ支持への動きを助長することになる，と主張した（[Olson] p. 45）。

ロシアはこれらを無視し，12月，コサック旅団に資金供与し，ショジャーオッドウレを助けに行かせた。イギリスはこれを大目に見ることはできなかった。というのは，コサック旅団は少なくとも名目的にはイランの軍隊であり，したがってこれはロシアによるイラン軍の徴用にほかならないからであった（[Olson] p. 44; [Simkin] p. 24）。

だが，ショジャーオッドウレは12月末にマラーゲ（オルーミーイェ湖の南）付近で敗北を喫し，アゼルバイジャンでの事態は収束へと向かう（IPD vol. 5, p. 662）。

第1章　諸外国によるイラン支配の諸態様

このようにして大戦勃発の年は暮れていった。

注
（1）　イランのアゼルバイジャン地方。本書では，アゼルバイジャンは，ロシア領のではなくイラン領のそれを指す。
（2）　ロシア銀行への納税については pp. 620, 629, 645, 650にも言及されている。
（3）　マシュハド＝バージギーラーン道では，改修作業や鉄道敷設のための調査が行なわれていた（*IPD* vol. 5, pp. 540, 545, 613, 636）。
（4）　人間存在として周縁的であると言っているわけでは決してないということを，念のため申し添えておきたい。世界の権力編成における周縁という意味である。
（5）　上述の（C）①が想起される。
（6）　本書で単にエスファハーンと記した場合は，エスファハーン地方ではなくエスファハーン市を指す。
（7）　もちろん，イギリスと結びつきロシアとも結びつくということが，必ずしも絶対的な矛盾であるとはいえない。英露協商体制下にあってはなおさらである。

第2章

トルコ分割とイラン再分割
――1915年の西南アジア――

1 ジャンダルメリー

(1) ドイツの工作員

 1915年初め，200名ほどのドイツの工作員がイランに潜入した。ドイツのイランにおける工作は大戦期を通じてイギリスを悩ませることになるが，その背景として指摘することができるのが，イランの人々の中に広範に存在する親ドイツ感情と，ジャンダルメリー（Gendarmerie）という武装組織の存在である。
 まず，親ドイツ感情から見ていくことにしよう。これには，次のような理由が考えられる。
 第1に，敵の敵は味方，という論理である。すなわち，ドイツは，イランの敵であるロシアの敵であった。第2に，ムスリム国であるトルコがドイツ側に立って参戦したという事実である。第3に，戦争初期の，西部戦線および東部戦線におけるドイツの軍事的成功である（[Wright] pp. 171-172）。
 ジャンダルメリーは1910年に設立された部隊である。当時の時代状況から説き起こすことにしよう。
 1911年以来の北部におけるロシアの支配については前章で述べた通りである。そこでは，ロシア軍やコサック旅団の存在のゆえに，表面上のものであれそれなりの治安が維持されていた。それに対して南部では「表面上の治安」さえ存在しなかった。無政府状態といっても過言ではなかった。バフティヤーリー，ガシュガーイー，それにシャイフ＝ハズアル（Shaykh Khaz'al）を長とするアラブなどの諸部族が実質的な自治を享受しており，盗賊が通商を大きく害して

いた。シーラーズ以南ペルシャ湾に至る地域では盗賊の頭目たちあるいは部族長たちが高い「関税」をかけ、イギリスを悩ませた。

　イギリスは、ロシアとはちがって、占領という解決策はとらなかった。イギリスの解決策は、第1に、海軍による軍事行動（1909, 1911, 1913年）であり、第2に、地元部族長たちを味方につけることであった。たとえば、イギリスはモハンマレの首長であるシャイフ＝ハズアルと、そしてバフティヤーリーとのあいだで、彼らの実質的自治をイギリスが認めるという協定を結んだ。イラン政府の意向に反してであった。つまり、ここにおいてイラン中央政府は存在しないに等しい。バフティヤーリーのみならずモハンマレのアラブも「国の中の国」であったのである。

　また、イギリスは、ガシュガーイーの部族長を、よりイギリスに好都合な人物にすげかえようとするなど、部族の「内政」に干渉した。

　だが、このような政策は、外国の内政の込み入った事情に通じていなければならないという困難を必然的に伴い、また、ある勢力の、疑わしい支持を大前提としている点で、不確かなものであった。そして、いうまでもなく、内政干渉ということでイラン「国民」の反感を買う恐れが十分にあった（[Olson] pp. 20-21)。

　そこでイギリスは、何らかの部隊の創設をイランに要求した。そして、イギリスはロシアの支持を得て、これを今後の借款供与の条件とし、更には、もし南部で治安が回復されないならば自らが部隊を編成し指揮する、と脅しさえした。もちろん、イラン政府としても国内の治安維持は重大な関心事であり、そのための部隊の創設の必要性も認識していた。

（2）スウェーデン軍による教育

　このようなことを背景に、1910年7月に成立したモストウフィヨルママーレク（Mirza Hasan Khan Mostowfi al-Mamalek）を首班とする民主党系の政権は、外国人将校の指揮下の国内治安維持部隊の創設に目を向けた。このようにしてジャンダルメリー（以下に述べる国庫ジャンダルメリー〔Treasury Gendarmerie〕と区別して政府ジャンダルメリー〔Government Gendarmerie〕）は誕生した。

民主党はかねてより、財政改革と中央集権化を達成し外国軍隊を追い払うために軍隊を組織することが必要だということを、自らの主要課題として公に、そして繰り返し主張していた。政府ジャンダルメリーは国内の道路上の治安維持のためにつくられた部隊であったが、軍の改革が当面進みそうにないという情勢の下、やがてその本来の役割を越えて、軍隊に準ずる組織へと発展していき、政治的にもその重要性を増していくことになる。

政府ジャンダルメリーの創設の問題は、より広範な改革プログラムの一部をなすものでもあった。1910年12月にマジュレスが可決した全般的改革案により、イラン政府は、イタリアにジャンダルメリーの教官を、アメリカに財政専門家を、フランスに内務省および法務省への補佐を派遣するよう依頼した。しかし、イタリア政府は、イギリスとロシアがイタリアは強国であるとしてこれに反対しているということを知るや、イラン政府の度重なる依頼を断った。そこでイラン政府は「小国」スウェーデンに依頼することにしたのであった（[Cronin 1997] pp. 20-21)。

このようにして、1911年8月、ヤルマション（Hjalmar O. Hjalmarson）率いるスウェーデンの軍事使節団がテヘラーンに到着した。彼らの任務は、イラン内務省の下で組織されるジャンダルメリーを教練し、指揮することであった。

一方、この間、この同じ全般的改革案に基づいて財政改革のためにイランにやってきたアメリカ人財務長官シャスター（W. Morgan Shuster）も、部隊を組織する計画を推し進めていた。この部隊は、徴税にあたる官吏を助けるためのものであり、彼の直接的指揮下に置かれ、国庫ジャンダルメリーと呼ばれた。

シャスターは国内外の、特にロシアの敵意により着任後1年を経ずしてイランを去ることを余儀なくされ、これに伴い国庫ジャンダルメリーは解体するが、その将兵は政府ジャンダルメリーへと移っていった。国庫ジャンダルメリーは、シャスターが民主党に近かったことなどのゆえに、親民主党的、民族主義的、反ロシア的性格を有していた。したがって、国庫ジャンダルメリーの将兵の政府ジャンダルメリーへの転入は、このような性格を後者に持ち込むことになった。

転入した将兵は1000名以上を数え、その後の増員も加え、政府ジャンダルメ

リーの規模は1912年末には約3000名，13年末には約6000名にまで増大していった（[Cronin 1997] pp. 19-21；[Cronin 2000] p. 399；[Shuster] pp. 98, 182）。

したがって，ジャンダルメリーの経費も増えていき，それはこの時期，主にイギリス，ロシアからの借款でまかなわれていた。特にイギリスの財政的・政治的支持はジャンダルメリーにとって不可欠のものであり，その首都以外での活動も，イギリスの圧力のもと，南部に向けられた。しかし，規模が大きくなるにつれて，それは，1907年英露協商でロシア勢力圏とされた地域にも活動を広げようとし，ロシアの敵意と敵対を招いた。ジャンダルメリーがタブリーズ，ラシュト，マシュハドといった北部の代表的諸都市に根をおろすことができたのは，ロシアの十一月革命の後になってのことであった。

第一次世界大戦勃発はジャンダルメリーの歴史にとっての分水嶺であった。

第1に，スウェーデン政府が将校を引き上げた（全員ではないと思われる）。これにより，部隊内のイラン人将校の力が大きくなった。

2番目は金融面での変化であった。外国からの借款が得られなくなり，ほぼ破産状態といっていいイラン政府には財政的余裕はなく，そこでジャンダルメリーはドイツに資金を求めることになった。

第3に，同部隊が政治化し，民主党，民族主義者，それにドイツと結びついたことである。イランの民族主義者たちは，かねてよりイギリスおよびロシアへのカウンターバランス（勢力相殺勢力）をさがしていた。彼らはまずアメリカに目を向けるがうまくいかず，戦争がはじまるやドイツに注目するようになる。彼らは，イギリスとロシアを抑えイランの独立性を高めるであろうという点でドイツの勝利を望んだ。このようにして，ジャンダルメリーは開戦後数カ月の内にイギリスとのつながりを決定的に断ち切った（[Cronin 2000] p. 400）。

イギリスの要求によって生まれたジャンダルメリーは，さして時日を経ずして反イギリス勢力へと転化したのであった。それも南部において。

2 ペルシャ湾とその奥

(1) 石　油

　イギリスは開戦当初より，ペルシャ湾の奥における自らの死活にかかわる権益を守る決意であった。この目的のために1914年11月，小規模な部隊がインドから海路派遣された。同部隊はアーバーダーン製油所を守るための小部隊を上陸させた後，トルコからファオとバスラを奪取した。なお，現在イラクという国家が「存在」するこの地域は，当時オスマン＝トルコ領であった。

　1915年1月末，トルコ軍とアラブ部族民たちが，アフヴァーズおよび油田地帯を目ざしてイラン領に侵入した。これに対して，インド人の大隊が，アフヴァーズを守りアラブ諸部族の「士気を回復する」ためバスラからカールーン川を遡った。

　だが，こうした動きにもかかわらず，アラブ人たちは，複数の地点でパイプラインを切断することに成功し，それを3カ月以上にわたって使用不能にした。

　ここに至って，今や1万2000名に達していたイギリス軍はイラン領内に入り，油田防衛のためにアフヴァーズを占領した。彼らはトルコとそのアラブ人同盟者をフーゼスターンから追い払うのに成功した。その後，終戦まで同地方においてイギリスにとってこれといった困難は発生しなかった。それは，このイギリス軍の存在，それにシャイフ＝ハズアルと一部のバフティヤーリーのハーン（首長）たちの支持によるものであった。

　イランの油田とアーバーダーン製油所はイギリス海軍の死命を制する重要なものであった（*PGHS* vol. 1, p. 20; [Wright] pp. 171-172）。インド副王などを務め，1919年に外務大臣に就任するカーゾン卿（George N. Curzon）が1918年に，「連合国側は石油の波に乗って戦争に勝利した」と述べたという事実をここに紹介しておこう（*The Times*: 22 November 1918）。

(2) イギリスにとってのメソポタミアの泥沼化

　インドから派遣されペルシャ湾の奥に上陸したイギリス軍は，イランの油田

の防衛のみを行なったわけではなかった。

　イラク（メソポタミア）は，バグダード鉄道に見られる通り，ドイツの東方への進出の通路にして舞台でもあった。ファオとバスラをトルコから奪取したイギリスの遠征軍にとって，バグダードはきわめて魅力的な獲物であった。もしこの都市を手に入れることができれば，戦争終了後の国境線の引き直しの際にイギリスにとっての非常に大きな好材料となるにちがいなかった。また，いうまでもなく，戦争の行方という点でもそうであった。バグダードへのイギリスの最初の進撃は1915年11月に始まった（2度目は1917年1月2日）。

　トルコとドイツの権益が，特にイラン西部への道が危険にさらされた。トルコは，ダーダネルス海峡での成功によって生まれた余裕を，援軍としてメソポタミアへ差し向けた。

　イギリスは11月25日，バグダードから目と鼻の先にあるクテスィフォンでの戦いに勝利しクートルアマーラに撤収した。

　バグダードを陥れるにはイギリスの兵力は小さすぎた。そしてイギリス軍はこのクートルアマーラにおいてトルコ軍に包囲されることになる（12月7日〜翌年4月29日）。このような泥沼にはまり込んでしまうことになってしまい，メソポタミアはイギリスにとって無視しえない，そしてバスラなど南部に局限しえない戦争地域へと転化することとなった（*PGHS* vol. 1, p. 14）。

（3）ブーシェフル
　もちろん，ペルシャ湾地域におけるイギリスの関心は石油とバグダードにとどまらなかった。

　1915年5月，ブーシェフルの後背地とシーラーズとテヘラーンの状況がかなり悪化した時，イギリス政府はペルシャ内陸部をなるがままに放置し，当分のあいだブーシェフル半島の保持に全力を集中することに決めた。7月，ブーシェフルの町が，ドイツの影響下にある諸部族によって攻撃されたが，〔奪取は〕失敗に終わった。8月，この町と半島がインドからの諸部隊によって占領された。ペルシャ湾からの主要貿易ルートは，ブーシェフルからシー

ラーズへと，そして同地からペルシャを貫いて中央アジアへと通っていく。したがって，ブーシェフルはこの上なく重要な地点であり，ドイツにそそのかされての攻撃が，成功しなかったものの繰り返し行なわれた。ペルシャ政府としても，我が軍の同半島からの撤退を交渉する努力を執拗に行なった。だが，我が政府が断固として主張した条件には，シーラーズ道の治安の回復が含まれており，そしてこのことが保証されえなかったので，我々は占領しつづけた。　　　　　　　　　　　　　　　　(PGHS vol. 1, p. 20)

こうした，イラン南部における諸部族の反イギリス武装行動の背後にいたのが，「アラビアのロレンス」ならぬ「ペルシャのヴァスムス」として知られるヴァスムス（Wilhelm Wassmuss）であった。

3　「インドへの道」とインド防衛

ドイツのイランにおける活動のもう1本の柱は，インドに達することであった。

イギリスとロシアは，これを撃退するため，のちに東ペルシャ哨兵線（East Persia Cordon）として知られることになる哨兵線を創設することによってイラン東部国境を封鎖することに決めた。イギリス軍がイラン領バルーチスターンとスィースターンに入り，イギリス領バルーチスターンのヌシュキから北へビールジャンドを経てガーエンまで（または「インド洋からビールジャンドまで」）の線に詰めた。そこから北はロシアが担当した（PGHS vol. 1, p. 20；[Wright] p. 173）。

ドイツ人工作員の中にアフガニスタンへの到達に成功する者たちがいた。

この遠征はドイツの一般幕僚で考え出されたものであり，その目的は「インドに革命をもたらし，アフガニスタンを，インドを攻撃するように仕向け，イランをオスマン帝国とインドとをつなぐ橋として確保すること」であった。主なメンバーは，若き外交官ヘンティッヒ（Werner Otto von Hentig）とニーダーマイヤー大尉（Osker von Niedermayer）であった。トルコ人将校1名，インド

人革命家2名，それに捕虜収容所から連れて来られたパシュトゥン人（アフガニスタンの主要民族）複数名も同行していた。

ヘンティッヒはドイツ皇帝からの（と称する）無署名の手紙とベートマン＝ホルヴェーク（Theobald von Bethman-Hollweg）首相のメッセージを携えていた。彼はアフガニスタンとのあいだで外交関係を樹立し，友好条約あるいはできれば同盟（alliance）を結ぶとの任を帯びていた。ニーダーマイヤーは軍事問題を話し合うことに，そして，インド人たちは反イギリスの戦いへのアミール（首長〔ここではアフガニスタンのそれ〕）の支持を請うことになっていた。トルコ人将校の任務は，スルタン＝カリフとオスマン戦時政府指導者からのメッセージを伝えることであった。

遠征隊はイランから1915年8月，アフガニスタンに入り，5週間後，カーブルに達した。

アミールの究極の忠誠はオスマンのスルタン＝カリフに対するものであったが，他方で，彼はイギリスの力を十分に認識しており，したがって向こう見ずの冒険に走りたくはなかった。そこで彼は次のような策をとった。すなわち，ドイツが勝利した場合にのみ可能となるような，途方もなく大きな金融的・軍事的支援を内容とする条約の草案に，非公式の承認として頭文字で署名する，という策である。

遠征隊は1916年5月に解散した。この遠征は，アフガニスタン・ドイツ間の最初の外交的接触であり，アフガニスタンの対ヨーロッパ関係の面でのイギリスの独占の打破の開始を告げるものであった。

なお，ヘンティッヒは1970年，時の国王ザーヒル＝シャー（Zahir Shah-i Durrani）の招きでアフガニスタンを訪れている。一方，ニーダーマイヤーは1922年のラパッロ条約により，ソ連において赤軍の近代化に携わった。第二次世界大戦後，東ヨーロッパでソヴィエト軍につかまり，モスクワの監獄で1945年ごろに死亡した（[Adamec] pp. 144-145, 235-236）。

アフガニスタンのほかにも，たとえばツークマイヤー（Zugmayer）という人物がイギリス領バルーチスターンへの潜入に成功した。また，マクラーン（オマーン湾北岸）で紛争を扇動した者たちもいた。なお，彼らドイツ人工作員た

ちは，ロシアから逃れてきたオーストリア人とドイツ人の捕虜，トルコ人，インド軍からの脱走兵，現地で徴募した「イラン人」兵士たちの手助けを得ていた（Wright p. 173）。細かいことのように思われるかもしれないが，この時期のこの地域の混沌とした状況が集約された事実であるといえよう。

ドイツ人たちの活動は非常に粘り強いものであった。それは，イギリスが終戦前には東ペルシャ哨兵線を東ペルシャ野戦軍（East Persia Field Force）へと格上げしなければならないほどであった（PGHS vol. 1, p. 20）。

だが，ドイツ人たちは結局は，インドに革命をもたらし云々というその目的を達することはできなかった。イランを東へとブレークスルーすることには成功したが，到達したインド周縁部において，インド本体を，したがってイギリス帝国を震撼させることはできなかったのであった

4 コンスタンティノープル協定

このようにイランは独立国としての体をまったくなしていなかった。中立国ではあったかもしれない。しかし，それは，常識的な意味でのそれではなく，一方の側からではなく双方から侵略されているがゆえにそれぞれの勢力が相殺されるという意味での擬似的中立であった。そして，中立国の中に中立圏（1907年英露協商）があった。この中立圏も消え去ることになる。

それは，1915年3月から4月にかけてのコンスタンティノープル協定によってであった。「3月から4月にかけて」という表現から察せられるように，この協定は1つの法律文書として作成されたものではなく，この5週間ほどのあいだにおけるロシア，イギリス，フランス間の外交上のやりとりの総体を指すものである。そして，これはロンドン協定，サイクス＝ピコ協定，サン＝ジャン＝ド＝モリエンヌ協定とともに，協商諸国によるオスマン帝国分割についての戦時下の秘密協定の1つである（[Hurewitz] vol. 2, p. 7）。同時にこれは，イラン再分割をもその内容として含んでいたのである。

発端は3月4日のロシア外相からペテルブルグ（ペトログラード）駐在英仏両大使に宛てた覚書であった。それは，ロシアは協商側の勝利の暁にはコンスタ

ンティノープルとボスポラス・ダーダネルス両海峡を併合したいと望んでいるので理解を求める、という内容であった。そして、「オスマン帝国内の他の地域あるいはそれ〔オスマン帝国〕以外に関して」イギリス、フランスが有している企図に同様の理解がロシアから保証される、とも述べられていた。

イギリスとフランスは、ロシアの要求を承認しつつ、それぞれ自らの要求ないし条件を出した。イギリスのそれは、以下の5点にまとめることができる（フランスのそれについては省略）。

① ロシアがコンスタンティノープルを併合した場合、同市を、非ロシア領との間を通過する商品の自由港とすること。
② これはすでにサゾノフが約束したことだが、海峡を通過する商船の通商上の自由。
③ 中立のバルカン諸国を協商側に引き入れることがイギリス政府の主要目的の1つなので、ロシアは、コンスタンティノープルおよび海峡の併合によってブルガリアとルーマニアの懸念を招かないようにし、協力を得られるようにすること。
④ 現在トルコ領アジア地域である所におけるイギリスとフランスの将来の利益に関するすべての問題を考慮に入れることが必要である。イスラーム教徒の聖地とアラビアは、いかなることがあっても、独立のイスラーム教徒の領土にとどまるべきである。
⑤ 1907年英露協商で中立圏とされた部分をイギリス勢力圏とすること。

（[Hurewitz] vol. 2, pp. 8-9；抄訳）

この5項目すべてに対して、ロシアは同意した。ただし、④と⑤については、次のような要求ないし条件を述べている。

イスラーム教徒の聖地が、トルコのスルタンがカリフの称号を保持したままで（スルタン＝カリフ）トルコの宗主権のもとにありつづけるのか、あるいは新しい独立国（複数形）を創出するのか明確にしておく必要がある。ロシア政府としては、カリフ位はトルコから切り離すべきであると考える（いずれの場合

もメッカ巡礼の自由は完全に確保される）。これが，④についてのロシアの主張である。

⑤については，ロシアはイギリスの要求を全部は認められないということを明確に表明している。また，単なる留保条件・付随条件といった程度を超える新たな要求ともいうべき主張を行なっている。以下のようにまとめることができよう（[Hurewitz] vol. 2, p. 10)。

① ロシア政府は，次のように規定することが公平であると考える。
　(a) エスファハーン市とヤズド市，およびそれらと不可分の一体をなす隣接地域は，ロシアがそこに有する権益にかんがみ，イギリス勢力圏に編入するのではなく，ロシアに残しておくべきである。
　(b) 現在ロシア=アフガニスタン国境のくさび形をなしゾルファガールにおいてロシア国境に接している中立圏の一部もまた，ロシア勢力圏に含まれなければならない。
② 中立圏における鉄道建設はロシア政府にとって，更なる友好的な議論を要する非常に重要な問題である。
③ ロシア政府は，自らの勢力圏において完全なる行動の自由を認められることを期待する。特に，その金融政策および経済政策を展開する権利を優先的に享受することを期待する。
④ ロシア政府は，昨年の交渉の過程で，その問題についてロシア政府によって表明された願望に従って，ロシアに隣接している北アフガニスタンの問題を，同時に解決することが望ましいと考える。

　　　　　　　　　　　　　　　　　　　　　　　　（[Hurewitz] vol. 2, p. 11)

①(b)で「ロシア=アフガニスタン国境のくさび形」云々は現在中立圏にあることが明言されているが，エスファハーンとヤズド云々はそのようになっていない。1907年英露協商では境界線は「エスファハーン，ヤズド……を通る」（[Hurewitz] vol. 1, p. 266）となっていたこと，および，1914年の段階でロシアがエスファハーンにおいて大きな力を持っていたことは第1章で述べた通りで

ある。また,「ロシアに残しておく」という表現にも注目しておきたい。ヤズドについては詳細は不明だが, いずれにしてもこれら両市およびその隣接地域をロシアがいかに重視していたかを①の(a)は明確に示すものであるといえよう。

③もきわめて重要である。「完全なる行動の自由」というこれ以上ない強い表現が用いられている点を見過ごしてはならない。すなわちこれはロシアによる北イランの「完全な」支配をイギリスに認めさせようとするものなのである。

②と④も含めて, ロシアは, イラン (およびアフガニスタン) に関して, イギリス側の要求をかなり押し返している。ロシアとしては, たとえコンスタンティノープルおよび海峡との対価 (の一部) としてであっても, イラン中立圏全体をそのままイギリスに渡すことはできなかったのである。

5 アラブ諸勢力の親イギリス色鮮明化

(1) イギリスの P. Z. コックス

次にこのコンスタンティノープル協定にも触れられているアラビアの問題を見ていくことにしよう。

1914年12月31日, イギリスのシェークスピア大尉 (W. H. I. Shakespear) がナジュドのアブドゥルアズィーズの幕営に到達した (*PGHS* vol. 1, 24)。

彼をアブドゥルアズィーズのもとに派遣したのは, コックス (Percy Zachariah Cox) という人物であった。コックスは戦前, ブーシェフル駐在総領事, ペルシャ湾駐在政務官 (political resident in the Persian Gulf) を務めていた。それ以前にマスカットのスルタンとのあいだの関係修復に活躍したことによってインド副王カーゾンの信頼を勝ち得たのが出世のきっかけであったという。

彼は, 他の強国の進出をはばみ, イギリスの戦略的利益を守るためにペルシャ湾岸の現地諸勢力と手を結ぼうとした。たとえば, 彼は, モハンマレの首長シャイフ＝ハズアルと提携関係を取り結んだ。コックスがシャイフ＝ハズアルと初めて会ったのは1905年のことであり, 両者は親密な友情で結ばれた。これは第一次世界大戦中を通じてイギリスにとって大変大きな財産であることがのちに明らかになる。シャイフ＝ハズアルの領地はペルシャ湾の支配とアングロ

=ペルシャ石油会社の展開にとって戦略的に重要な地点に位置していた。領地内のアーバーダーンに精油所を，そしてそこと油田をつなぐパイプラインを建設する許可をシャイフ＝ハズアルが同社に与えた合意に至る困難な交渉を行なったのはコックスであった。

また，彼はアブドゥルアズィーズやクウェートのシャイフ＝ムバーラクからも信頼されていた。

1914年4月6日，彼はボンベイのインド政庁の外務局長（secretary of the foreign department）に任命される。大戦が勃発するや，彼は，メソポタミア遠征部隊の駐在政務長（chief political officer）となる（[Bell] vol. 2, pp. 506-507; [Safiri] p. 389）。

(2) メッカの沈黙

さて，1914年大晦日にアブドゥルアズィーズの幕営に到着したシェークスピアは以下の2点を知ることになる。

第1に，アブドゥルアズィーズは，イギリス政府とのあいだの拘束力のある条約を確保するまでは中立を維持する決意であるということ。そして，第2に，彼が求めているのは，事実上のイギリスの宗主権の下で自分の地位が確実に保証されることであるということ。

年が明けて1915年1月4日，シェークスピアはコックスに，アブドゥルアズィーズが提案した条約の草案の翻訳を送った。アブドゥルアズィーズはこの草案で，前年11月のイギリスの案で提示されたもの以上のものをほとんど要求せず，自分が永久にイギリスの配下（vassal）になると申し出た。

同月17日，アブドゥルアズィーズはメッカのシャリーフ（Husayn Ibn 'Ali, 以下，単に「シャリーフ」とも表記）の次男から次のような内容の書簡を受け取った。

① トルコはシャリーフに，ジハードを宣言して諸部族を召集するようしつこく強要している。
② しかし，メッカのシャリーフはアブドゥルアズィーズがトルコとイギリ

スに対してどのような態度をとるか知るまではのらりくらりと対応して時間稼ぎをする。 (*PGHS* vol. 1, p. 24)

アブドゥルアズィーズはシェークスピアにこの手紙を読んで聞かせ，どのような返事がイギリスにとって都合がいいか，と尋ねた。その結果，返信は次のような内容となった。

① イギリスのジッダ攻撃の恐れを口実に更に時間稼ぎを続けるように。
② 自分自身としてはトルコ側につくことにいかなる利点も見出せない。
③ 自分もトルコの使節団に対して時間稼ぎの返答をしたばかりであり，その際，イブン゠ラシードへの軍事行動が差し迫っていることとイギリスがカティーフを攻撃する恐れがあること，この2点を口実にした。

(*PGHS* vol. 1, p. 24)

このアブドゥルアズィーズの対応はイギリスにとって大きな価値をもつものであった。タイミングも非常によかった。

メッカのシャリーフは個人的にはイギリス側につきたいという意向をもっていたが，他方では彼の領地にはトルコの守備隊が駐留しており，主要都市をおさえていた。この時点では，戦況はいまだ協商側有利にはなっていなかった。

彼がアブドゥルアズィーズからの返信を受け取ったのは，このようなタイミングにおいてであったのである。彼は，アブドゥルアズィーズの助言に従い時間稼ぎをした。イスラーム世界の精神的中心たるメッカ。そのシャリーフがいかなる挙に出るか，と指針を求めて注視していた者たちは，結局何も見出せなかった。メッカからはジハードは発せられなかった。前年の開戦時にイスタンブルのスルタン゠カリフから発せられたジハードは基本的にトルコ人たち以外には威信が及ばなかったという点で，トルコにとって期待はずれのものであった。

この臨界的局面における「メッカの沈黙」は全イスラーム的広がりにおいて，さらには世界的広がりにおいてきわめて大きな意味をもつものであった

(*PGHS* vol. 1, p. 24)。

(3) イギリス＝アブドゥルアズィーズ間条約締結

　さて，アブドゥルアズィーズはまだイギリス支持の態度を明らかにしてはいなかったが，敵であるイブン＝ラシードとの衝突が１月初め，再び始まった。イブン＝ラシードは親トルコの部族連合を率い，ナジュド北部にすでに侵入していた。両勢力は１月24日，ジュラーブにて激突した。これは，兵力においてもその損傷数においても，アラビア史上最大の戦いの１つであった。なお，この戦いの場にシェークスピアがおり，死亡してしまう（[Bell] vol. 2, p. 509; *PGAR* vol. 7, 1915, p. 53, 1916, p. 78; *PGHS* vol. 1, p. 24)。[1]

　戦いは結局引き分けに終わったが，これはこれでイギリスとしては満足のいく結果であった。というのは，これによってイブン＝ラシードは戦闘力を失い，トルコの隊列に加わることができなくなり，したがって，メソポタミアでの初期の軍事行動に参加することができなくなったからである。もし彼の率いる勢力が加わっていたならば，イギリスにとってかなり大きな困難となったことであろう。６月10日，両者のあいだで正式の講和条約が締結され，これによってイブン＝ラシードはカスィーム領有権の主張を放棄した。[2]

　さらに，同年のより遅くのことであるが，アブドゥルアズィーズはハサー北部におけるアジュマーン族の，そして南部におけるムッラの反乱に対処しなければならなかった。イギリスがバーレーンから武器等を送り，アブドゥルアズィーズを助けた。10月にはライフル1000丁が与えられ，２万ポンドが貸与された。

　このようにアブドゥルアズィーズが面倒な問題に煩わされていたという機会を捉えて，メッカのシャリーフは，子息アブドゥラー（'Abdullah）指揮下のかなりの兵力をナジュド西部へと送った。この時機を失した侵略の目的は，南カスィームに対する，ヒジャーズのある部族の権利の主張を支持するという政治的なものであった。これはアブドゥルアズィーズを激昂させた。彼は，イギリス政府に対し，もしシャリーフの行為を抑えることができないなら自分がそうすると抗議した。だが，この件では，問題はシャリーフに対するアブドゥル

アズィーズの恨みという範囲にとどまり,それ以上に展開していくことはなかった。

アブドゥルアズィーズとイギリス政府とのあいだでの条約締結に向けての交渉が妥結に近づきつつあった。このような条約のイギリス政府にとっての必要性は,すでに1年ほど前の1915年1月30日付のインド省から外務省への情報伝達の中に述べられていた。

〔条約が望まれるのは〕情勢の急迫——それは,彼〔アブドゥルアズィーズ〕との友好のために即座の代価を支払うことを必要としている——からであるのみならず,今の戦争の結果ペルシャ湾において生み出されるであろうバスラにおけるトルコ支配の消滅——このことをイギリス政府は誓うものである——という全般的状況からでもある。その際予想されるのは,ナジュドのアミール〔アブドゥルアズィーズ〕が中央アラビアのみならず,湾岸の帯状の地帯をも支配するに任されるという事態である。したがって,平和と秩序のためには,同湾を支配する強国が彼と実効的な条約を結ぶことが必須となろう。それゆえに,彼の要求が満たされる範囲は,彼が行なうと期待される即時的貢献によってのみならず,彼が成功した際に我が物にするであろう,そして,恒久的に疎遠にされた場合に疑いなく行使するであろう危害の潜在力によっても測定されるべきである。　　　　（*PGHS* vol. 1, pp. 24-25）

1915年12月26日,カティーフにおいて,コックスとアブドゥルアズィーズによってこの条約が調印された（インド副王による批准は翌年7月18日）。主な内容は次の通り。

① イギリスはイブン=サウード〔アブドゥルアズィーズ〕をナジュド,ハサー,カティーフ,ジュバイルの独立の支配者であることを認める。
② イギリスはいかなる外国の強国の侵略に対しても,イブン=サウードを支えることを約束する。
③ イブン=サウードは,イギリス政府の同意なくしては,いかなる外国の

強国とも関係を取り結ばないことを約束する。
④　イブン=サウードは,イギリス政府の同意なくしては自らの領土のいかなる部分も,いかなる外国の強国あるいはその臣民に割譲せず,売却せず,抵当に入れず,賃貸しせず,譲渡しない。

(*PGHS* vol. 1, pp. 24-25；抄訳)

6　イランの混沌

(1) イランにおける同盟側の攻勢

　序章と第1章の末尾で述べたイランのアゼルバイジャンにおけるトルコとショジャーオッドウレ(つまりその背後のロシア)との衝突であるが,1914年12月末にマラーゲ付近でショジャーオッドウレを打ち破ったトルコはタブリーズへと進撃し,ロシアに撤退を余儀なくさせた(総領事の引き揚げは1月6日)。イギリスとフランスの総領事も,そして彼らの同胞も引き揚げた。
　これを皮切りに,この1915年はイランにおいて同盟側の成功が目立った年であった。ドイツのエージェントたちの活動やアラブによるアングロ=ペルシャ石油会社のパイプライン切断についてはすでに述べた通りである。ドイツのエージェントのみならず,中央アジアから逃れてきたオーストリア人の戦争捕虜が多数イランへと入り込みはじめた。ドイツのエージェントたちは資金を潤沢に与えられており,それを気前よくつかっていた。イランの人々のあいだで広範に存在した反ロシア感情は,彼らエージェントたちの宣伝活動にとっての肥沃な土壌をなすものであった。西部におけるシューネマン(Schünemann),エスファハーンにおけるプヒン,南部におけるヴァスムスは,顕著な成果を上げた(*IPD* vol. 5, pp. 662, 723)。

(2) イギリス,ロシアのイランへの金融的梃入れ

　こうしたドイツの活動をイラン政府に抑えさせようと,イギリスとロシアはイラン政府に資金面で手を差し伸べた。これが「モラトリアム(moratorium)」と呼ばれるものである。ただし,これは本当の意味でのモラトリアム(すなわ

ち，支払猶予）ではなく，それを装ったものであり，実際は新たな資金供与であった（したがって鍵括弧をつけて表記することにしよう）。なぜわざわざこのような偽装をしたかというと，マジュレスにこの案をまわすのを避けるためであった。マジュレスにまわすということは表沙汰になるということであり，そうなれば，他国からの批判にさらされることになるからであった（*IPD* vol. 5, p. 695；[Olson] pp. 87, 107）。

　また，ドイツはこの年，ペルシャ帝国銀行への取付を組織した。これについては第4章で詳しく論じる。

（3）モハージェラート

　首都においても地方においてもドイツのエージェントたちが公然と人々を集めて武器を持たせた。そして，ケルマーンシャー地方へのトルコ軍の侵入によって，協商側の領事たちと居留民は避難することを余儀なくされた。これに対して中央政府は無力で，かかる行為を阻止する気がないようであった。

　実のところ，中央政府にはそのようなことを行なうための軍事力がなかったのである。ジャンダルメリー内部において，親ドイツのスウェーデン人将校たちの兵卒たちへの影響が速やかにあらわれ（数カ月後に中央政府に対して反乱），したがって，この部隊を頼りにできないということは明白であった。コサック旅団は北部の諸地方に分散しすぎており，兵員数も少なかった。

　このようなことから，7月にエイノッドウレ（Soltan 'Abd al-Majid Mirza 'Eyn al-Dowle）内閣がファルマーンファルマーの弾劾によって倒れると，組閣を行なう者が見出せないまま1カ月が過ぎ去った（*IPD* vol. 5, p. 723）。

　この間，ヴァスムスが南部諸部族をしてブーシェフル半島を攻撃せしめることに成功し（7月），その結果イギリス軍が同半島を占領することになる（8月）ことは前述の通りである。

　今や，この国は全土にわたって動揺していた。ジャンダルメリーは俸給の遅配のゆえに益々反逆的になり，バフティヤーリーでさえもはや頼りにならず，ロシアには北部の分遣隊を増強する余裕はなかった。サーヴォジボラーグとエスファハーンでロシア領事が殺され，のちにシーラーズにてイギリス副領事が

同じ運命をたどった。

　テヘラーンでは、イギリス・ロシア両公使の働きかけによって8月、モストウフィヨルママーレク内閣が誕生した。協商側は、金融支援（既存の債務の支払猶予または助成金）を行なうことを検討したが、協商側の立場を強化するための実効ある支援はロシア軍の増強以外にないということが徐々に明らかになりつつあった。

　9月には協商側の領事たちと居留民はエスファハーンから退去することを余儀なくされた。10月、イギリス、ロシアはイランに支払猶予を与えたが、この出鼻をくじこうと、ドイツがイランに借款供与を申し出た。無力なイラン政府はどうすべきか分からなかった。西部戦線におけるドイツの優勢やイラン全土でのドイツの気前のよい資金散布は、イランを同盟側にたって参戦させるに十分に魅力的であるように見えたが、イラン政府の協商側に対する態度を特徴づけるところの決断の欠如は、同盟側に対しても同じであった。

　結局、神経をすりへらす数カ月を経て、11月、かなりの兵力のロシア軍がアンザリーに上陸したとのニュースに協商側は救われた。このロシア部隊は全速力でガズヴィーンへと進軍し、一部は11月14日、キャラジ（テヘラーンの近く）に達した。その結果、少なくともテヘラーンに関する限り、協商側の立場は回復した。

　強者の側につこうと常に思っていたイラン政府は、今や、イギリス、ロシアとの同盟を提案しさえした。だが、ここで状況が動く。次の2点である。第1に、ヨーロッパの西部・東部両戦線で協商側が振るわなかったこと。第2に、バグダードへ向かって軍事行動を遂行していたイギリス軍の挫折。

　イラン政府は同盟を提案したことを後悔した。

　テヘラーンの情勢が再びきわめて危機的となった。というのは、ドイツが、ロシア軍が首都に迫っているという事態をいわば逆手にとって自らの利益を図ろうとしたからであった。すなわち、それは、シャーを促して首都からエスファハーンへと移らせ、政府とマジュレスもエスファハーンへと移させ、そして南イランを反北イランへと扇動しようとするものであった。

　首都からの脱出のための大がかりな準備が行なわれ、そして、シャーの出発

が公告された。だが，最後の段階でイギリス・ロシア両公使がシャーに考えを変えさせるのに成功した。それは，ロシア軍のキャラジからの撤退を約束することによってであった。

このようにして，シャーはテヘラーンにとどまったが，ドイツ，オーストリア，トルコの外交官たち，国会議員たち，ジャンダルメリーのかなりの部分（スウェーデン人将校を含む）がテヘラーンを脱出した。これをペルシャ語でモハージェラート（Mohajerat，「移動」に関するアラビア語のペルシャ語形）という。11月25日，キャラジのロシア軍派遣隊は撤退した。

モハージェリーン（モハージェラート参加者たち）はゴムに臨時政府を樹立した。だが12月，ロシア軍がゴムへと向かう途次，サーヴェにてジャンダルメリーとの戦いに勝利するや，モハージェリーンはエスファハーンへと逃げざるを得なくなった。[3]

この間，テヘラーンの状況は改善したが，地方の状況は大変悪化していた。シーラーズではジャンダルメリーが狼藉の限りを尽くし，イギリスの領事と居留民たちが捕らえられ，タンゲスターンへと連れ去られた。ペルシャ帝国銀行の店舗が略奪者によって荒らされ，ファールス地方はまったくの無秩序状態にあった。ファールスのみならず，各地で協商国民は退去することを余儀なくされた。2カ所の例外を除いて，イラン南部全域が同盟側のエージェントたちの権力下に入った。例外の2カ所とは，いずれもイギリス軍が守っていたブーシェフルとアラベスターン南部とであった。

ロシア軍はさらにカーシャーンにまで達し，状況はかなり改善した。12月25日，ファルマーンファルマーが政権を握った。かつては王位を捨てて父に譲ることを欲していたシャーは留まることを決意した。12月30日，反乱ジャンダルメリーのスウェーデン人指揮官エドヴァル大佐（Colonel Edwall）が任を解かれた（*IPD* vol. 5, p. 724）。

注
（1） *PGAR* は10巻よりなっている。10巻全体を通したページ番号も，各巻のページ番号も付されていないので，このような出典表記の仕方を取る。ここで1915と

は1915年についての文書のことであり，その次の p. 53はその文書の53ページのことである。
（2） この条約の英訳が *PGAR* vol. 7, 1916, pp. 80-81にある。
（3） モハージェラートに関する邦語による研究として，［吉井 1986a］と［吉井 1986b］がある。

第3章

大戦とアラブの混沌
―― 1916‐17年 ――

1　イギリス外交文書（*PGAR, PGHS, IPD*）

　今日の中東の諸問題は基本的に第一次世界大戦に淵源があると言われている。最もよく知られている中東問題であるパレスティナ問題がそうであるし，イラクにしても，国家の成立自体がこの時期である。
　このようなことは，いわゆる中東問題の歴史を論じる場合のいわば常識として知られていることであるが，この常識的議論は「オスマン＝トルコ帝国の解体」という点に空間的・文脈的に限定されることが一般的であり，イランを含めたより広域的な枠組みで分析がなされることは，管見の限り皆無である。だが私見では，中東問題の淵源を論じる場合，あるいは中東における第一次世界大戦史を論じる場合，イランを視野に収めていないことは大きな欠落を意味する。このことは，イランが「ロシア（革命）および（イギリス領）インドと接するところの中東」であるということを指摘するだけであていど了解されるであろう。
　本章は，こうした研究史の空白を埋めることを目的とするものである。史料としては，ここ20年ほどのあいだに相次いで公刊されたイギリスの外交文書を用いる。

2 協商側の戦後構想と「アラブの反乱」

(1) 南ペルシャ゠ライフル隊と混合金融委員会

　前章で述べたように，1915年はイランにおいてドイツとトルコが成功した年であった，と総括することができよう。イギリスの領事たちは町から町へと逃避することを余儀なくされた。ドイツ人たちとそのイラン人支持者たちは電信局を占拠しペルシャ帝国銀行の店舗で略奪行為を働いた（[Wright] p. 174)。

　1915年12月25日，バラトフ（Baratoff）麾下ロシア軍の作戦行動の成功の影響で，親協商政権がファルマーンファルマーを首班に誕生した。同政権は翌年1月，戦争の期間を通じてコサック旅団を1万名にまで増やし，北イランにおいてロシアによって指揮され装備され維持されるべきであるということに同意した。

　テヘラーン駐在イギリス公使は本国政府に，イギリスの指揮下の同様の部隊を，南イランの秩序維持のために創設すべきであると提案した。直前に起こったファールスにおける反乱やブーシェフル゠シーラーズ道の閉鎖といった状況に鑑み，イギリス政府はこの提案を採用することに決め，イラン政府もこれを是認した。1月26日，パースィー゠サイクス（Percy Sykes）が，南ペルシャ゠ライフル隊（South Persia Rifles）として知られることになる部隊を創設し指揮するよう任命された（*IPD* vol. 5, p. 724; *PGHS* vol. 1, p. 21)。

　ファルマーンファルマー内閣は，内閣内外の親ロシア派の陰謀によって弱体化し，短命に終わることになる。ファルマーンファルマーはまたもや防衛同盟（defensive alliance）の問題を持ち出したが，軍事的状況がロシアに大変有利になっており，ロシアはイランが防衛同盟の交換条件として求めていた譲歩をもはやしたくはなかった。

　ファルマーンファルマー（親イギリス）は，これら自らの努力がロシアから好感されていないことを知り，辞任し，代わってセパフサーラール（第1章で出てきたセパフダールと同一人物，親ロシア）が3月5日，政権に就いた。セパフサーラールは，混合金融委員会（Mixed Financial Commission）の設置に同意し

た。この委員会は「モラトリアム」の実施の過程でイランにもたらされる貨幣の支出を管理するためのものであった。そして彼は8月に合意を結び，これによってイランは，戦争の期間を通じて月々20万トマーンの助成金を受け取り，その見返りとして，北部においてロシア人将校の下で，そして南部においてイギリス人将校の下で軍隊を編成することを認めること，そして財政管理を受け入れることに同意した (*IPD* vol. 5, p. 767)。

時間を半年ほど遡ろう。

メソポタミアへ向けてのロシア軍の前進は，冬の天候とトルコの抵抗に妨げられた。ロシア軍は2月末にケルマーンシャーを，5月13日にラワーンドゥズ（クルディスタンのアルビールから北東，トルコの対イラン国境にかなり近いところに位置する町あるいは村）を奪取したが，その頃までにクートルアマーラがトルコの手に落ちており（4月29日），今やトルコはかなりの兵力をロシア軍撃退のために集結させた (*PGHS* vol. 1, p. 21)。

(2) クートルアマーラ陥落とバグダード

クートルアマーラ陥落後，バグダード奪取はイギリスにとってこれまで以上に大きな努力に値するものとなった。なぜならば，1つには，東方におけるイギリスの威信という観点に照らしてであり，2つには，イランの対しての，さらにはイランを通じてインドへ向かってのバグダードからのトルコとドイツの力の注入がゆゆしいものであり，かつ増大しつつあったからである。

ガリポリ軍事行動というオスマン帝国心臓部へのイギリスの突進が前述の通り失敗し，今やメソポタミアは，東方における諸利害と交戦国の諸目的が決着をつけられる戦場となった。すなわち，トルコにとってはメソポタミアにおける主権と汎トルコ主義的拡張の希望がかかっていた (*PGHS* vol. 1, p. 15)。

話を元に戻し，メソポタミアは，ドイツにとっては，バグダード鉄道の上に築かれた野心と威圧の全構築物が，そしてイランとインドにおいてイギリス帝国に深刻な困難をもたらす好機とがかかっている場であった。そして，イギリスにとっては東方およびイスラーム圏における威信とペルシャ湾における地位と，そして究極的にはインドの安全がかかっていたのであった (*PGHS* vol. 1,

p. 15)。

（3）コーカサス戦線

　クートルアマーラの包囲の間，ロシアはトルコの汎トルコ主義的拡張の計画に対する急襲を行なった。すなわち，1916年2月12日，ロシアはエルズルム近くにあるトルコの東部軍の司令部を襲い，4日後，奪取した。結局，ロシア軍はヴァン湖西のビトリスとムシュに進出し，北側では，エルズルムの西100マイルの南北の線にまで達した（8月）。だが，ヴァン湖のあるトルコの対イラン国境地方においてはそれほど順調ではなかった。というのは，トルコの抵抗が激しかったからである。

　なお，たとえばビトリスはバグダード鉄道まで約150マイルの距離である（*PGHS* vol. 1, 15）。コーカサスとメソポタミア（イラク）とは，このようにアナトリア東部やイラン西部を通じてつながっているのである。

　1916年4月末のクートルアマーラ陥落後，バグダードは〔同盟側にとって〕安心できる状態にあるように思われ，メソポタミアにおけるドイツの，そしてペルシャにおけるトルコの展望は明るいように思われた。トルコはペルシャへの膨張の妄想に駆り立てられ，そしてドイツの助言にさからって，6月，西ペルシャへの攻勢を開始し，数カ月のあいだ，そこでロシアに対峙する軍事力を保つこととなった。トルコ軍は8月中頃までにはハマダーンに達しロシアを駆逐し，ペルシャ領の3万平方マイルほどを占領下に置いた。

（*PGHS* vol. 1, p. 15）

（4）サイクス゠ピコ協定

　1916年5月，サイクス゠ピコ協定と呼ばれる秘密協定が，イギリス，フランス，ロシアによって結ばれた。この協定は，トルコ帝国領におけるこの3国の将来の勢力範囲を取り決めたものであった。

　前年のフサイン゠マクマホン書簡でシリアが独立アラブ王国の領域に入るとされたが，フランスがシリア領有を主張したためこの点を調整しようとしたも

のである。フランスはシリアやレバノンを中心とする地域を、イギリスはイラクやヨルダンを、そしてロシアはアナトリア東部とボスポラス・ダーダネルス両海峡を、それぞれ勢力下に置くこととなった（イタリアはアナトリア南部）。イェルサレムを含むパレスティナは3国による国際管理下に置かれ、将来その統治形態を3国およびメッカのシャリーフのあいだで協議することとされた。この協定はアラブの独立を約したフサイン＝マクマホン書簡と矛盾するものであった。1917年11月、ロシア革命政権がこれを暴露し、アラブを憤激させることとなる。

　この協定が言及される場合、それはほとんどすべての場合、パレスティナ問題やオスマン＝トルコ帝国の崩壊、それにアラブ地域の諸問題との関係においてであるが、イランとも密接な関係を有している。この点は、本書でこれまで述べたことを想起すれば事足りるであろう。今日のイラク国家の生成の問題でもある。

　イギリスはバグダード、バスラを含むペルシャ湾と地中海の間を貫く広いベルト地帯（地中海側の出口は狭いが）を確保した（PGHS vol. 1, p. 715）。

　クートルアマーラの陥落が4月、サイクス＝ピコ協定が5月、そしてトルコの西イランへの攻勢が6月。すなわち、このトルコ領分割の協定は、トルコの軍事的成功のただ中に結ばれたものであった。

（5）「アラブの反乱」の矛盾

　同じ頃、シャリーフがトルコへの反乱を起こした。6月5日のことであった。これは、当初はさして大きな力を持つものではなかったが、やがてかなりの軍事的重要性を得るに至る（PGHS vol. 1, p. 15）。

　この反乱は、一般に「アラブの反乱（Arab Revolt）」と呼ばれる。これは、イギリス政府とシャリーフとの秘密交渉によって生じたということができる。この交渉は、アラビアのみならず、シリア、メソポタミアをも含めた地域全体をめぐるイギリスとメッカのそれぞれの（そしてシリアをめぐるフランスの）思惑を調和させようとしたものであった。

　シャリーフはこれら地域（イギリス領アデンおよびその後背地を除く）のすべて

のアラブ諸「国」を統一して自らが王あるいは宗主となることを目指していたのだが，イギリス政府との合意によって，彼のシリアとメソポタミアへの野心には制約が課せられることとなった。

シャリーフは反乱勃発の2日後の6月7日にヒジャーズの独立を宣言した。この時点まで，アブドゥルアズィーズは，イギリスとシャリーフとのあいだの交渉および合意に気づいていなかった。だが，1915年11月にシャリーフがナジュドに武装侵入したことで，アブドゥルアズィーズはシャリーフが大きな政治的野心（それは，この大戦によって追求することが可能となった）を持っているということを明確に認識したようである。

1915年12月，アブドゥルアズィーズはイギリスの駐在政務長コックスに対して，たとえシャリーフがカリフ位に就いても，アラブの支配者たちのあいだでの彼の地位には何ら変化はない，と述べた。

また，翌年の7月20日（すなわち「アラブの反乱」勃発の翌月のことであるが），アブドゥルアズィーズは同じくコックスに対して，書簡で次のように述べている。

第1に，「アラブの反乱」が成功すれば，それによってシャリーフはナジュドの諸地域への支配権を要求する気になるかもしれないと自分は恐れている。

第2に，自分に送られてきたイギリスの声明書では，アラブは「ひとつにまとまったもの」とされていることに自分は気づいた。

第3に，自分とシャリーフとは長いあいだ反目しあっており，自分の配下の部族民たちはシャリーフの支配あるいは干渉を決して許さないであろう（*PGHS* vol. 1, p. 25）。

（6）同盟者としての重要性

以上のようにイギリスは，お互いにアラビア支配を争うライバル両名のどちらとも接触していた。イギリスとしてはどちらとも同盟するというのが1916年の時点での立場であった。だが，同盟者としての重要性という点では，両者は比べものにならなかった。

シャリーフは預言者の子孫であり，メッカのアミールにしてシャリーフであ

り，聖地 (the Holy Places) の世襲的守護者であった。彼は，自らの行動によって，オスマンのスルタン＝カリフのジハードの信用を貶めた。そして，イスラーム世界において，イギリスにとって計り知れないほど貴重な影響を及ぼすことができるかもしれなかった。さらに，彼の領土は，紅海におけるイギリスの交通や通信の生命線にそって1000マイルも延びている。ここはヒジャーズ鉄道 (1908年，ダマスカス＝メディナ間開通) の存在により，イスタンブルおよびドイツから容易に到達が可能である。すなわち彼は，この敵にとっての戦略的利点を利用させないことができる立場にあったのである。

　これに対して，アブドゥルアズィーズはこうした「同盟者としての資産」を何ら有していなかった。彼の領土は主にアラビア半島中央部に位置しており，シャリーフの領土に比べて，トルコからもドイツからもイギリスからも遠かった。その力の主たる源泉はワッハーブ主義（ワッハーブ派）というイスラームの復古主義的勢力であったが，この勢力は，外部の者たちからは，「狂信的」といった否定的な印象を持たれていた。イギリスにとっての彼の「同盟者としての資産」は，第1に，彼が支配者としての傑出した資質を備えていたこと，第2に，それにもかかわらず，クウェート，休戦協定諸国の首長 (Trucial chiefs)，そしてヒジャーズのシャリーフに干渉しそうになかったこと，この2点であった。

　このように見てくるならば，イギリスがこの時点でアブドゥルアズィーズよりもシャリーフを同盟者として重視していたのはもっともなことであった。1915年後半にアブドゥルアズィーズの勢力がジャッラブの戦いと諸部族の反乱で極度に弱体化していたことを考えればなおさらそうであった (*PGHS* vol. 1, pp. 25-26)。

(7) イギリスによる関係改善の働きかけ

　以下，アブドゥルアズィーズに焦点を当てて，その後の事態の推移を見ていくことにしよう。

　1916年8月，当時トルコとの問題に直面していたシャリーフはアブドゥルアズィーズの援助を求め，同盟を提案した。これに対し，アブドゥルアズィーズ

は，可能ならばそうするが，その前にまず，将来シャリーフがナジュドへ干渉も侵略もしないとの文書での保証が欲しい，と返答した。アブドゥルアズィーズはこの返信とともに，その保証の草案を送った。シャリーフは返信も草案も送り返した。気が狂った者でなければこの草案通りの保証など出さないであろう，とのコメントが記されていた。

　この頃，イギリス政府はシャリーフとアブドゥルアズィーズが対イブン＝ラシードの線で手を結ぶことを望んでいた。

　ハーイルのアミールであるイブン＝ラシードは親トルコであり，ジャバル＝シャンマル族とともにイギリスに敵対する動きをし，メソポタミアのズバイル近くでイギリス軍と衝突した。だが，イギリスは，同盟者（シャリーフとアブドゥルアズィーズ）同士が緊張関係にあるという状態では，イブン＝ラシードに対して何ら手を打てない。そこで，事態を改善すべく，同年10月3日，イギリスとアブドゥルアズィーズとのあいだの条約がシャリーフに伝えられた。アブドゥルアズィーズの彼への支持が得られるようイギリスが努力しているということも，彼に伝えられた。そして同月中旬，コックスはアブドゥルアズィーズに次のように知らせるよう命じられた。

① イギリス政府は，イギリスと彼との条約の内容がシャリーフによって認められるべきである，と強く主張する。
② イギリス政府は，アブドゥルアズィーズに敵対してまでシャリーフを支持するということはしない。　　　　　　　　　(*PGHS* vol. 1, p. 26)

(8)「アラブ人たちの王」宣言

　こうした保証は効果を挙げたかもしれなかった。だがそれは，もしシャリーフが，アブドゥルアズィーズが抱いていた懸念が的確なものであったと確証するようなことをしなかったならば，という仮定の話である。すなわち，同年11月5日，シャリーフはメッカにて，自らが「アラブ人たちの王（King of the Arabs）」と宣せられるようにしたのである。イギリス政府はこのような称号を認めることはできなかったし，また，事前の相談もなかったので，抗議を行な

った。イギリスが彼に認めていた王権の範囲は「ヒジャーズの王」までであった。シャリーフのこの行動のゆえに，アブドゥルアズィーズは，シャリーフ一族全体に対して，そして，彼らがアラブ人全体の上に立つ「諸君主の上の君主」たることを主張することに対して強い反感を抱くようになった。

同月11日，アブドゥルアズィーズはウジャイルにてコックスと会い，自分が非常に難しい立場にあると述べた。人々が，自分たちの利益に，アブドゥルアズィーズの親イギリス政策が役に立っていると認識していない，というのである。

カスィームの内陸交易商人たちは北方をその主要販売市場としていた。したがって，イギリス政府の要請によってアブドゥルアズィーズが課していたシリアおよびハーイルとの交易の禁止措置は彼らに大きな打撃を与え，彼らを憤激させた。ナジュドの人たちも騒ぎ出し，ナジュドの敵であるメッカのシャリーフおよびヒジャーズの諸部族を支持しているイギリスとの同盟によって何か得るところがあるのか，と問いただしつつあった。

このように，アブドゥルアズィーズは人心を掌握するのに益々困難を感じていたのであった。シャリーフの「アラブ人たちの王」宣言に関しては，コックスはアブドゥルアズィーズに次のように伝えて安心させた。すなわち，イギリス政府はシャリーフに，他の独立のアラブ支配者たちへの支配権を主張しないと公式に認めるよう強く要求した，と (*PGHS* vol. 1, p. 26)。

3 クウェート＝ダルバールの世界史的意義

(1) クウェート＝ダルバール

1916年11月20日，アブドゥルアズィーズは，クウェートのシャイフ＝ジャービル (Jabir) およびモハンマレのシャイフ＝ハズアルとともに，クウェートにおける謁見 (Kuwait Durbar, great durbar, majlis, 以下，クウェート＝ダルバール) に出席し，イギリスの勲位 K. C. I. E. に叙せられた。彼はその足でモハンマレを，そしてさらに26日，モハンマレのシャイフとともにバスラを訪れ，イギリスの部隊と病院を視察し，生まれて初めて飛行機が空を飛ぶのを見，「名誉

の刀」を贈られた。これはイギリスにとって大成功であった。これ以後，イギリスはアブドゥルアズィーズの中でより大きな地位を占めることとなった (*PDPG* vol. 6, p. 291; *PGAR* vol. 7, 1916, pp. 78-79; *PGHS* vol. 1, p. 26)。

(2) クウェートの繁栄とその原因としての交易

ここで，なぜイギリスがアブドゥルアズィーズと両シャイフをこのように遇したかを説明しておく必要があろう。

1916年のクウェートの駐在政治局員（political agent）の報告書の冒頭に，次のように記されている。

> 当該年において，クウェートの繁栄が顕著に進展した。これは主に，内陸部との交易の増大によるものであるが，また，ある程度は真珠採取の時季が申し分のないものであった（これについては後述）ことによるものでもある。
> (*PGAR* vol 7, 1916, p. 74)

ちなみに，同じシリーズの報告書の前年のものには，「クウェートの経済状況には，全般的にわずかの改善がみられた」とあり，さらにその前年のものには「経済的には，あいにく満足のいくものではなかった」とある (*PGAR* vol 7, 1914, p. 59, 1915, p. 51)。

これを貿易統計で確認してみよう（表3-1）。たしかに，1914年は輸出が激減，1915年は輸出が改善，そして1916年は輸入激増，輸出増，と上述の所見を裏づけている。

(3) 繁栄，経済封鎖，親イギリス感情

さて，1916年の繁栄の原因は「内陸部との交易の増大」ということであるが，同じ文書の同じページに，イギリスによる封鎖のことが記されている。

> クウェートのシャイフおよび人々の全般的な親イギリス的傾向は，この年を通じて保たれた。我々による封鎖という制約に立腹する向きも少しはあった

表3-1 クウェートの交易（1911～1916年度）

(単位：ポンド＝スターリング)

	1911年度	1912年度	1913年度	1914年度	1915年度	1916年度
輸　入	347,816	438,298	370,817	291,683	292,212	471,713
輸　出	71,814	132,260	114,421	42,740	112,757	152,530
計	419,630	570,558	485,238	334,423	404,969	624,243

(備考) 各年度は4月1日から3月31日まで。
(出所) *PGTR*, Kuwait (1913-14), (1914-15), 4-5, (1915-16), 3.

が，これは，この社会が主に商人——規模の大小はあるが——から成っていることからすれば，恐らく無理もないことであった。さらに，ハーイルとシリアで得られる売り値は並はずれて魅力的であり，そして彼ら商人たちは，自らの商売の存立そのものがイギリスとのつながりに依存しているということに気づいてはいるものの，このような山吹色の収穫をみすみすあきらめなければならないということは，商人たちにとって腹立たしいことであった。シャイフ＝ジャービル＝アル＝ムバーラクは我々の非常に良い友人ではあるが，彼の父のような強い同盟者ではなかった。彼はほんの少し前にシャイフ位を継承したばかりであり，人気のある支配者でありたいと切望していた。封鎖は不人気であり，したがってジャービルはそれを実効的たらしめるための真の助力を我々にほとんどあるいはまったく与えなかった。

(*PGAR* vol 7, 1916, p. 74)

　封鎖の対象地域の1つであるシリアへは，クウェートからの隊商がシリアの人々が欲するほぼすべての商品を運んでいたという（[Abu-Hakima] pp. 131-132）。

（4）イギリスとアブドゥルアズィーズの禁輸措置
　このシリアとハーイルは，前述の通り，アブドゥルアズィーズがイギリス政府の要請によって交易禁止措置を課した対象地域でもあった。時期も同じであった。だが，異なる点もあった。

まず，措置を課した主体が，一方では現地の統治者，他方ではイギリスであった。これは形式的な違いに過ぎないと思われるかもしれないが，不満の矛先がどこに向けられることになるかという点で重要である。親イギリス政策が自分たちの利益に役立っているかどうかの認識も違っていた。これは，イギリスの影響力の強弱を反映したものといえるであろう。

　措置があげた効果も違っていた。クウェートの場合，上記引用文の通り，シャイフが人心掌握の必要性ゆえ，封鎖という不人気な政策への真摯な協力を行なわなかった。これに対し，アブドゥルアズィーズは，禁輸を課したのが自分自身であったため，面目上，それをしかるべく執行しないなどということはできなかったということであろう。

　経済状況の違いは，もちろん他の要因もあったであろうが，以上のような違いの帰結なのであった。クウェート＝ダルバールではこの禁輸問題が重要な議題の1つとして話し合われたことと推察される。

(5) クウェート＝ダルバールの世界史的意義

　以上では基本的にアラビア半島情勢という文脈の中でクウェートを語ってきたが，同時にこの地域はメソポタミア情勢という観点から視野に収めることもできる。前述の通り，1916年4月，メソポタミアにおいて，クートルアマーラの陥落という，第一次世界大戦史全体という観点からしても大きな重要性をもつ出来事が起こった。

　前に引用した部分に引き続いて，改行なしで次のように記されている。

　しかし，この年のより早い時期におけるクート〔ルアマーラ〕解放作戦の失敗とその結末としての同地の陥落は，クウェートに影響を及ぼさなかった。このことは，我々に対する本心からの敵意の底流が存在していなかったことを意味しよう。そして，11月におけるビン＝サウード〔ママ，アブドゥルアズィーズ〕の訪問と，その時に彼とクウェートのシャイフ，モハンマレのシャイフとのあいだで行なわれた新時代を画する会合——駐在政務長〔コックス〕もそこに居た——の後，親トルコ勢力は，明確に評判を落としたかのように

第3章 大戦とアラブの混沌

思われた。

(*PGAR* vol 7, 1916, p. 74)

ここに,このクウェート＝ダルバールが「新時代を画する」重要性を持つものであるとされているが,なぜそうなのかについては同じ史料の中の別の箇所に次のように述べられている。

アラビアの未来にとって広範囲に及ぶ重要性を有する政治上の出来事が1916年後半に起こり,それにクウェートが顕著な役割を演じた。
シャリーフの反乱と,7月における彼によるメッカ占領は,アラブ世界の目を,長らく待ち望まれた自らの民族の独立の実現へと開かせた。これ以後,地域的支配者の下での独立のアラビア——それは,指導と外国の介入からの保護とをイギリスに頼る——という考えが,アラブ人たちの中のより思慮深い者たちのあいだに支持を得はじめ,同時に,我々の外交の公然たる目標となった。諸部族のあいだの対抗関係と古くからの不和ゆえに,彼らのあいだに意見の一致あるいは何らかの種類の凝集を確保することはむずかしかった。だが,クウェートの諸〔歴代〕シャイフ——彼らの利害は主に商業的なものであり,このことが常に彼らを,同半島〔アラビア半島〕のこの部分の調停者に任命してきた——が,この政策の推進に快く力を貸した。したがって,シャリーフの大義への共感とイギリスおよび連合諸国への支持を宣言するということで招集させられた東北アラビアの主要な君主たちの会合の場所をクウェートが占めることは,まったく妥当であるように思われる。

(*PGAR* vol. 7, 1916, p. 76)

クウェート＝ダルバールが催された企図(「シャリーフの大義への共感と」云々)がここに明記されていることを確認しておきたい。

そしてもう1つ。クウェートの利害が「主に商業的なものであ」るという点である。これはすなわち,政治的な利害は少なかったということであろうし,したがって,アラブ世界の諸勢力の中で比較的中立的な立場にあると見られていたということであろう。

もちろん，商業的利害（あるいはより広く経済的利害）と政治的利害とを分けて考えるのはあくまでも便宜上のものであり，たいていの事柄は両方の側面を有していると考えるべきであろう。たとえば，以下の引用文中の通過税の件は明らかにがそうである。

　　イブン＝サウード〔アブドゥルアズィーズ〕とクウェートとの関係は，ムバーラク〔クウェートのシャイフ〕が死ぬまえの数年のあいだ，ますます冷却していった。
　　イブン＝サウードはその頃，1914年春のオスマン政府と自身とのあいだの交渉の期間を通じてのシャイフの，彼が考えるところのどっちつかずの態度に憤慨していた。それに，〔同シャイフが〕アジュマーン族を庇護したことも今ひとつの不満の種であった。さらに，太古からクウェートにおいて課せられてきている通過税の負担も，1916年におけるこのナジュドの支配者〔アブドゥルアズィーズ〕による不満の対象であった。しかし，1916年11月20日にクウェートで開かれ，イブン＝サウードとモハンマレのシャイフとクウェートのシャイフとパースィー＝コックス卿とが出席し，クウェートのシャイフに〔イギリスの勲位〕C. S. I. を与えることを目的としたダルバールにおいて，この3名の首長は，共通の目的の達成のためにイギリス政府と協調して進むことを共に誓った。　　　　　　　　　　　　　(*PGHS* vol. 1, pp. 75-76)

　ここで，細かいことかもしれないが，「クウェートのシャイフにC. S. I. を与えること」がこのダルバールの目的であったとあるが，これは目的というよりは名目というべきものであり，真の目的は，同じ文章の末尾に記されていること（「この3名の……誓った」）であった。この点，1つ前の引用部分に関して指摘したことを考え合わせれば明らかであろう。

4　戦争の混沌と革命の混沌

（1）対アブドゥルアズィーズ助成金の不足

　コックスはかねてより，対イブン＝ラシードの行動をとることについてアブドゥルアズィーズと論議していたが，アブドゥルアズィーズは自らの足下の不安ゆえに身動きがとれないでいた。足下の不安とは，1つにはアジュマーン族の敵対であり，2つには，失敗はすなわちシャリーフの究極的勝利を意味することになるのでは，という恐れであった。
　だが，前章の末尾で述べたアブドゥルアズィーズのバスラ訪問の際に，彼の対イブン＝ラシード行動は明確な合意事項となった。すなわち，彼は，武装した人員4000名を確保すること，もしイブン＝ラシードが再びメソポタミアへ移動することがあったら，その側面をしっかりと押さえておくこと，そして，イブン＝ラシードがハーイルにとどまるならば，すきあらば同地を攻撃すること，この3点を約束した。イギリス政府は彼に武器弾薬と，そして1916年11月からは月額5000ポンドの助成金を与えた。アブドゥルアズィーズとシャリーフとの協力は不可能という点でも合意がなされた。
　このころまでにシャリーフはメディナを除いて，ヒジャーズからすべてのトルコ軍を追い払った。一方，アブドゥルアズィーズの禁輸にもかかわらず，クウェートとメソポタミアからのキャラヴァンがカスィーム経由でメディナとハーイルに来ていた。シャリーフは，アブドゥルアズィーズがトルコと通じていてこれらキャラヴァンによるメディナへの食糧供給を助けている云々と非難した。このシャリーフのアブドゥルアズィーズへの態度があまりにも目に余ったので，イギリス政府は，自分たちはアブドゥルアズィーズとの合意を守るつもりである，ということをシャリーフに知らしめた。だが，実際アブドゥルアズィーズはシャリーフの権力を衰えさせようとしていたのであり，したがって，シャリーフのアブドゥルアズィーズに対する態度には根拠がなくはなかった。
　「イギリスの金を気前よく散布することによってアラビアの覇権を握る」というのがシャリーフの政策であった。これに対してアブドゥルアズィーズは

「イフワーン主義という精神の力」でもって対抗した。この運動は急速に広がっていった。

　1917年の暮れ，アブドゥルアズィーズは，イギリス政府からの月額5000ポンドの助成金にもかかわらず，自分はその倍額を対イブン＝ラシードの兵力の維持のために使っており，配下の者たちがシャリーフの金へと引き寄せられつつあると不満を述べた。彼はイギリスに，至急リヤードに人を寄越すよう求めた。

　その結果，フィルビー（H. S. J. Philby）他2名が派遣され，同年12月末，リヤードに着いた。アブドゥルアズィーズはシャリーフが「ヒジャーズ王」と称していることを大いに気にしており，イギリス政府が彼をシャリーフと同等に扱うよう求めた。フィルビーらは，ハーイルのイブン＝ラシードを攻撃するためにさらに8000丁のライフルなどをアブドゥルアズィーズに与え，1万5000名の兵力を整えるべきだとの考えであり，その旨具申した。

　カイロの当局者たちはこの考えに反対であった。これだけの兵力を持たせるとアブドゥルアズィーズは「ヒジャーズとアラビア」（ママ）を席巻してしまい，イギリスの対アラブ政策を混乱させてしまうから，というのがその理由であった。結局，アブドゥルアズィーズの兵力を増強するというこの案はイギリス政府によって却下された（*PGHS* vol. 1, pp. 26-28）。

（2）協商側優勢からロシア革命へ

　イランでは，協商側は徐々に支配地域を拡大していきつつあった。ロシアの派遣隊がエスファハーンに，そしてケルマーンシャー近くに陣取り，南ペルシャ＝ライフル隊がシーラーズに到着しており，その勢力を南イランにおいて広げていきつつあった（*IPD* vol. 5, p. 797）。

　2月，ティグリス川流域におけるイギリスの成功の影響がイランでも感じられるようになった（*PGHS* vol. 1, p. 22）。

　メソポタミア戦線とコーカサス戦線を一瞥することにしよう。前述の通り，1916年4月，クートルアマーラがトルコの手に落ち，これによりトルコはイランにおいて攻撃をかけることが可能となった。だが，このトルコがメソポタミアで享受していた休息期間は1917年1月に終わることとなる。すなわち，イギ

リスが準備を整え，同月2日にバグダードへ再び進撃を開始したのであった。同月9日，クートルアマーラにおいて戦端が開かれ，2月23日，この町が，そして3月11日にはバグダードがイギリスの手に落ちた。

その結果，トルコはイラン西部における地位を危険にさらされることになり，軍を撤退させた。そして3月末までにはバラトフ指揮下のロシア軍が，トルコ軍を追う形で，イラン＝メソポタミア境界まで押し返した。ただし，イラン西北部オルーミーイェ湖近くのトルコ軍は，他の兵站線に依っていたために，メソポタミアでの展開に影響されなかった。というよりも，それどころか，今や，かのムスタファ＝ケマル＝パシャ（Mustafa Kemal Paša, Atatürk）指揮下の第11軍が陣取っていたコーカサス戦線の南部の扇形戦闘地区においてトルコは5月末までにロシアをビトリスとムシュから追い出し，メソポタミアおよび西北イランとのトルコの兵站線への脅威を取り除くまでに至るのである（PGHS vol. 1, pp. 15, 22）。

このように，イランにトルコ軍がまったく居なくなったというわけではないが，いずれにしてもトルコがメソポタミアに撤退したことはイギリスにとって大きな安心材料であった。

イギリスにとって，イランにおいては見通しは大変良好で危機は去ったかに見えた。この段階で，ロシアで三月革命が勃発し，事態は再び危機的となった。

革命の最初の影響は，テヘランの民主党急進派が以前の権力を取り戻すのを許したという点であった。

テヘランでは，ロシアの新政府はイランに関する帝政期の政策を180度転換させ，ロシア軍を撤退させ，異議を唱えられている諸条約を廃棄するであろう，したがってイギリス政府は「1人きりにされ，1人でやりくりしなければならなくなる」との観測が広まった。

宰相ヴォスーゴッドウレ（Mirza Hasan Khan Vosuq al-Dowle）は，南ペルシャ＝ライフル隊に公式の承認を与えたことにより困難な状況に陥った。また，この時期，懲罰委員会（Anjoman-e Mojazat, Committee of Punishment）なる秘密組織が親イギリス的な者たちの暗殺を始めた。さらに，民主党の勢力が増大したこともこれに加わり，彼は5月27日，辞任した。

同じ5月の末ごろ，バラトフ麾下のロシア軍がメソポタミアの国境地帯から撤収し，それをトルコが追った。したがって，イギリス政府としては，ティグリス川流域の部隊を増強せざるをえなくなった（*IPD* vol. 5, pp. 791, 797; *PGHS* vol. 1, p. 22）。

〔ヴォスーゴッドウレの辞任をうけて〕組閣が高齢のアラーオッサルタネ〔Mirza Mohammad 'Ali Khan 'Ala al-Saltane〕にゆだねられたが見通しは暗かった。降雨の不足ゆえにペルシャのほぼ全土にわたって収穫が完全にだいなしになった。この国はまたもや貨幣を必要としている。そして，差し迫った要求に応えるために，政府の穀物倉庫に前年から残っていた政府の穀物のたくわえが売られた。懲罰委員会がいまだに首都において活動しており，殺したいと思う人物を欲するがままに殺しているように思われる。ロシア革命の影響が，ペルシャにおけるロシア軍の規律にすみやかにあらわれ，彼らは，ガズヴィーン，オルーミーイェのバーザールを立て続けに略奪した。ロシアはもはやいかなる影響力もペルシャにおいて及ぼしていない。連合側の威信を支える負担が一にイギリスにかかってくることになった。このイギリスに対して，極端な民主党員たちは，敵意に満ちて口汚い新聞による世論喚起でもって不満をぶちまけた。だが，7月，懲罰委員会の指導者たちの内7名が逮捕された。すなわち，政府は自らの権力を立証するために何らかの行動を起こさなければならないということに気づいたようである。その結果，新聞の論調はいくぶん改善した。しかしながら全般的状況は大変暗澹たるものであった。ロシア軍は行く先々で欲するがままに略奪を働いており，飢饉の幽霊が国土に迫っていた。国庫には資金はなく，西北ペルシャはトルコの侵入によって脅かされていた。ギーラーンの森林地帯における反乱が広がりつつあり，ペルシャは法と秩序を確保するに足る武力を有していなかった。アラーオッサルタネが辞職し，エイノッドウレが跡を継いだ。だが，彼もまた，状況が非常に困難であることを悟り，1918年初め，モストウフィヨルママーレクが今一度組閣を委ねられた。

(*IPD* vol. 5, p. 797)

第3章　大戦とアラブの混沌

　このように，さまざまな要因によるさまざまな不安が全土を覆っていた。ここで補足しておくと，「ギーラーンの森林地帯における反乱」とはジャンギャリー運動のことである。ギーラーン地方は，イランの他の地域とは異なり，緑が豊かである。同運動は森林（ペルシャ語でジャンギャル）を拠点としていたので，運動推進者たちは自らをジャンギャリーと称した。この運動は1915年に始まり，当初はイラン駐留ロシア軍の後方攪乱を行なっていた。ロシア革命後はイランの単独支配をもくろむイギリスへの抵抗へと転ずる（*BIP* L/P&S/20/C 200）。

第4章

イラン財政・金融の危機
——1915年を中心に——

1 イギリス外交文書（*IPD*）

　第一次世界大戦でイランは中立の立場に立った。だがこれは，イランが交戦国（協商側と同盟側）間の戦場となったことからも明らかなように，イランが強かった，あるいは超然としていたためではなかった。イランの中立は，交戦国間の，そして英露間の微妙なバランスの下に維持されたものであった。

　イランはオスマン帝国と英領インドとをつなぐ環をなしており，したがって同国が同盟側に加わることは「ドイツのインドへの道」の完成を意味し，協商側（もちろんとりわけイギリス）にとっては絶対に避けなければならないことであった。このために，すなわちイランに中立を維持せしめるために協商側は財政危機に陥っていた同国を金融的に支えようとした。他方，当然のことながら，同盟側もイランを自分の側につけるべくさまざまな工作を行なった。こうした工作の中には，イランの「中央銀行」でありかつイギリス系海外銀行であったペルシャ帝国銀行への取付も含まれていた。

　このようなイランの財政・金融をめぐっての交戦諸国の顕著な動きが，1915年に明確な形をとって現れた。こうした動きは同時代のイランの財政・金融や政治一般，ひいては第一次世界大戦全体を考える上で重要な材料をなすものであると考える。ところが，管見の限り，世界的に見て，これらを論じた研究は皆無である。そこで本章では，近年史料集として編纂・公刊された当時のイギリス外交文書（*IPD*）に依拠してこの問題に接近していき，研究の空白を埋めることにしたい。

2 財政危機と支払猶予

(1) 借款供与と中立維持

　1915年になっても財政は改善しなかった。
　1915年3月25日，あるイギリス外交関係者(1)が王宮でイランの宰相および外相と会談した。25日の午後，この外交関係者はある提案を行なった（*IPD* vol. 5, p. 687))。

> その提案とは，もしペルシャが，イギリスとロシアからたとえば100万ポンドの借款をいかなる条件も付けられず，また同〔ペルシャ〕政府が，今自らが置かれている金融的困難に打ち勝つのを助ける目的で得るならば，ペルシャ政府は今の戦争を通じて最も厳正な中立の態度を維持する見通しがつくのかどうか，そして，そのことによって現在の事態が疑いなく生ぜしめるであろう紛糾を避ける見通しがつくかどうか，ということを調査し，検討することであった。　　　　　　　　　　　　　　（*IPD* vol. 5, pp. 687-688)

　この提案は25日の午後に行なわれたが，この日の午前にもこの外交関係者とイラン側（この時は外相）の話し合いがあり，その話をこの外交関係者はイギリス公使タウンリーに報告し，話を続ける権限をタウンリーから得た上で午後の話し合いに臨んでいたのであった（*IPD* vol. 5, p. 687)。
　そして，この25日の話し合いは，23日の宰相と英露両公使との会談（この外交関係者も同席）を受けたものであった。その席で宰相が，英露がイランに有形無形の支持を与える必要がある，と述べた。このことが発端であった。
　有形の支持とは借款のことであり，そしてこのイギリス外交関係者は，イランが最も厳正な中立を維持すること，という交換条件を出した（これは23日ではなく25日の席でであろう(2)）。これ以外に，イランの「誠実さを証明するために以下のプログラムを遂行すること」とされた。

98

第4章　イラン財政・金融の危機

① 戦争終結までマジュレスを閉会にする。
② 地元の言論の出版禁止
③ テヘラーンにおける戒厳令布告と，著名な扇動家たちの逮捕
④ スウェーデン人将校たちをファールスおよび〔ペルシャ〕湾〔岸地方〕からの退去させることと，メリル大佐（Colonel Merrill）に同地での指揮を与える。
⑤ モフベロッサルタネをファールスから去らせ，適任者を同総督に任ずる。
⑥ ペルシャ政府は，ドイツ公使館にシーラーズ，エスファハーン，ケルマーンシャーにドイツ人が居つづけることを認めることはできないということを知らせる。そして，もし外交的手段が失敗すれば，ペルシャ政府が，これら扇動家たちを力ずくで追い払う措置を取るということを知らせる。
⑦ ペルシャ政府は，最も厳正な中立の維持を確保するためのあらゆる可能な措置を講ずる。そして，力の及ぶ限りのあらゆる手段でもって，いかなる種類の扇動をも防止する。(3)　　　(*IPD* vol. 5, pp. 688-689)

このイギリス外交関係者は，この借款は，合意の調印時に秘密裡にたとえば10万ポンド，そしてそれぞれの条件の達成時に10万ポンドずつというように分割払いで支払われるものとしてはどうか，と述べた。なお，これ以外に，ロシアがイランの態度に満足すればアルダビール，ガズヴィーン，アンザリーからの軍を撤退させるということも，何らかの形でこの時に示唆された（*IPD* vol. 5, p. 689）。

交渉はさらに27日，28日（28日にはタウンリーも出席）に継続された（*IPD* vol. 5, pp. 687, 695）。

28日に最終的に決まったことは以下の通り。

① ロシア軍およびイギリス軍の撤退
② ただし，現在戦闘が行なわれているところのアゼルバイジャンとアラベスターンについては，撤退は戦争終結後とする。
③ ロシアとイギリスはイランの両政府からの借款の元利支払いについて，

99

過去にさかのぼって，2年間の猶予を与える。このことはマジュレスに付すことはしない。他の強国の批判を避けるためである。マクリーン（H. W. Maclean）氏にこの問題を検討させる。
④　イラン政府は，すでに宣言している絶対的中立を保持する決意であり，そのためにあらゆる手段をとる。そして，自らの誠実さを証明するために，即座に以下の措置を講ずる。
    (a)　モフベロッサルタネのファールスからの召還と新知事の任命
    (b)　スウェーデン人将校のファールスからの召還とファールスにおける指揮の変更
    (c)　ドイツ人たちについての措置　　　　　　　(IPD vol. 5, p. 695)

以上を25日の交渉で決まった，ないしは言及された諸項目と比べてみよう。イギリス側の条件は全体的により明確な形をとり，詳細まで詰められている。うまくいくようにマジュレスに付さないといった具体的な進め方まで手はずが整えられている。

ロシア軍の撤退への言及が明確な形をとり，加えて25日の段階では言及さえされなかったイギリス軍の撤退が述べられている。それに，借款が既存の借款の支払猶予になっている点も大きな変更点である。

イラン側の条件では，25日の①，②，③の項目がここには見られない。これは，この3点は「高圧的な方法」であり，民衆の反発を買う恐れがあり，「それを抑えるのにカネがかかる」と懸念されたためである（IPD vol. 5, p. 690）。

そして，25日の話し合いでは7項目のうちの1項目なのか，他の6項目によって補足された主要な1点なのか必ずしも明らかでなかった中立維持が後者であることがここで明確に分かる。

（2）借款供与から支払猶予へ

以上の取り決めは，全体としては，イランの中立をイギリス（協商側）が金融的支援でもって買ったものであるといえよう。この金融的支援がなぜ，新規借款供与から既存の借款の元利支払いの猶予に変わったのであろうか。

第4章 イラン財政・金融の危機

　27日の会談で宰相モシーロッドウレ（Mirza Hasan Khan Pirnia Moshir al-Dowre）は，「100万ポンドの借款供与は賢明な措置ではない」と述べ，その理由として，「〔イラン〕政府にはそれを扱う能力がないし，〔資金の〕漏出と管理の誤りが起こることが避けられない」ということを挙げ，その代案として提示したのが，次のような，既存の借款の元利支払いの猶予なのであった。

　　イギリスとロシアはペルシャに2年の支払猶予を与える。これは，ペルシャが自らの歳入のうち60万ポンドほどを使うことができるということを，おおよそ意味する。それは2行〔ペルシャ帝国銀行とペルシャ割引貸付銀行〕に支払うのではなく，徐々に〔国庫に〕入ってくる。このやり方にはさらなる利点がある。すなわち，これは，マジュレスに付すことを必要としない，ということである。　　　　　　　　　　　　　　　　　　　　（*IPD* vol. 5, p. 690）

　一括ではなく，ということは前述の通り既にイギリス側が提案していたが，それは，1つ1つの交換条件を実行させるのを確実にするためであったと思われる。それに対して，ここでは，それは借り手のイラン側の資金管理の観点からである。すなわち，新規借款獲得よりも既存借款の支払猶予のほうがイランの国庫の自己管理における緊張感という点で望ましいということであろう。
　マジュレス云々は前述の通りであるが，これがイラン側から出ているという点に注目しておきたい。この取り決めが，イギリスと宰相モシーロッドウレとの共同作業であることを示すものの1つであるといえよう。
　なお，宰相はマジュレスに付すことを避ける何らかの手段があれば更に40万ポンド（計100万ポンド）の借入を得たいと述べている（*IPD* vol. 5, p. 690）。

（3）国庫に収められない内国税

　これら都合4日間にわたる一連の交渉の中で上記以外に話し合われたことの1つに，ロシアによる徴税の問題がある。これはイラン側から持ち出された。ロシアが北部において内国税の一部を徴収し「いまだに保持している（still retained）」という件である。

イギリス外交関係者は，イランの国庫に入れるようにとの命令が出されたことをロシア公使自身からずっと以前に知らされた，と述べた。イラン外相は，ロシア公使館が条件を出してきた，と言った。その条件とは，将来，北部における内国税のテヘラーンへの送付を，ペルシャ帝国銀行ではなくペルシャ割引貸付銀行を通じて行なうということである。

　イギリス外交関係者は，これは極めて難しい問題だと述べた。さらに，このイギリス外交関係者によれば，ペルシャ帝国銀行の対イラン政府借款が「この税収」――北部を含めた内国税のことか――を担保に行なわれたのだが，ロシア政府が嫌がっているのはこのことであるというのである。ということは，イランがペルシャ帝国銀行に借入を完済すればこれら諸問題のうちの1つは解決されるということになる。イラン政府としてもよろこんでそうしたいのだが，それまでの経験で同政府はペルシャ割引貸付銀行に不満を抱いており，したがって返済資金入手をペルシャ割引貸付銀行を通じては行ないたくなかった (*IPD* vol. 5, p. 693)。

　この最後の部分のペルシャ割引貸付銀行を通じての返済資金入手とは，この議論の出発点の，テヘラーンへ送るべき北部の税収のことであろう。つまり，ここにおいて議論が循環してしまい，解決の糸口が見出せなくなったということになる。

　このように，ロシアが北部において徴収していた内国税はイランの国庫に届いていなかったのである。また，この問題が，税収という定期的に入手が見込まれる資金の確保をめぐる英露両行の争いという性格をもつものであることも以上で明らかになった。

（4） 1915年3月末における対外債務

　上述のように，支払猶予の件はマクリーンに検討させるということであった。マクリーンは検討結果を覚え書き（3月30日付）にまとめた。

　「ペルシャの財政」と題され，5ページ（文書末に付された2ページの手書きのメモも含めて）から成るこの覚え書きの冒頭の段落をまず逐語訳することとする。

第4章　イラン財政・金融の危機

表4-1　1915年3月31日の時点での外国からの借款と借入

(単位:ポンド=スターリング)

信用供与（年次順）	与信額	利子と減債（年額）
1．ロシア5％ルーブル借款（1900年）	2,380,800	122,200
2．ロシア5％ルーブル借款（1902年）	1,058,200	54,500
3．インド5％スターリング借款（1910年）	314,281	30,278
4．ロシア7％ケラーン借款（1911年）	1,111,100	120,800
5．イギリス5％スターリング借款（1911年）	1,250,000	68,470
6．イギリス・インド7％貸出（1912年）	140,000	
7．ロシア7％貸出（1913年）	200,000	72,000
8．イギリス7％貸出（1913年4月）	200,000	（6, 8, 9, 10の
		計=50,000）
9．イギリス7％貸出（1913年5月）	100,000	
10．イギリス7％貸出（1913年7月）	50,000	
計	6,804,381	518,248

(出所)　IPD vol. 5, p. 699.

　私は，ペルシャに100万ポンドの借款を供与する計画の詳細を提案することを求められている。この100万ポンドのうち40万ポンドは即座に，そして残額は2年にわたる分割で〔供与される〕。その全額はペルシャの外債の償還（すなわち利子と減債基金）の一時停止という形においてであり，イギリスとロシアによって均等に分担され，すでに既存の借款の担保に入っているペルシャの収入を担保とする。したがって，イギリスとロシアはそれぞれ，今20万ポンドを，そして2年間について1年あたり15万ポンドを提供しなければならない。　　　　　　　　　　　　　　　　　　　　　(IPD vol. 5, p. 696)

　表4-1は1915年3月31日の時点でのイランの対外債務の概略を示したものである。
　この時点でイランは外債に対して，利子も減債基金も併せて1年当たり約49万8000ポンド償還している。起点を1914年8月1日に設定すれば，この覚え書きが作成された翌日の1915年3月末日までの8カ月間で33万2000ポンドという計算になる（この33万2000ポンドのうち18万3000ポンドは既に償還された額のイランへの払い戻しであり，14万9000ポンドはイランが支払うべき額の免除である）。4月1日から翌年7月31日までの償還の一時停止による免除額は69万ポンドと算出さ

103

れる。したがって、この2年間で計102万2000ポンドを、払い戻しおよび免除の形で、イランはまぬかれたことになる（*IPD* vol. 5, p. 696）。

だが、問題がある。イギリス・ロシア間の均等の分担という問題である。イランの毎年の外債償還額はロシアに対して（1，2，4，7）36万9000ポンド、イギリスに対して（3，5，6，8，9，10）14万3000ポンドである。この償還を1914年8月1日からの2年間、イランに一時停止することを許せば、細かい計算はここで省くとして、ロシアとイギリスにそれぞれ、73万9000ポンドと28万3000ポンド（計102万2000ポンド）の負担となる。

このような、利子と減債基金を一定期間、一時停止し、その額を諸借款の最終払込金にくくりつけることについて、技術的な困難は何ら存在しないのだが、契約を変更するという点では望ましくない。5のイギリス債の場合は公債（a public loan）であり、したがって大いに差し障りがある。加えて、この方法は、イギリス・ロシア間の分担を均等たらしめることに向いていない。というのは、ロシアのほうが断然大きなリスクを負ってしまうことになるからである。

これに代わる方法としては、イギリスとロシアが負債の償還の一時停止の代償として必要な額を均等に分担する、という方法がある。この場合、イギリスとロシアはそれぞれ個別にイランと合意を結ぶ（*IPD* vol. 5, pp. 697-698）。

イギリス＝イラン間合意は次のようなものとなろう（逐語訳することとする）。

外債1から10の償還は1914年8月1日から1916年7月31日までの期間、一時停止される。イギリスは3，5，6，8，9，10の借款に関して8月1日からの期間についてすでに受領した全額をペルシャに払い戻す。ペルシャは、普通であれば1914年8月1日から1916年7月31日までの期間について借款1から10の償還に関してペルシャが支払うべき全額の半分を、7％の利子で、その額がペルシャに払い戻された日から、あるいは、普通であればペルシャによって支払われるべき日から最終の支払いまで7％の利子でイギリスに負債を有していることを認める。ペルシャがこのように1916年7月31日にイギリスに対して負っているであろう全額は、19□□〔空白〕に始まる半年ごとの均等払いでペルシャからイギリスに支払う。ペルシャは借款1から10の償(5)

還についての全面的責任を，1916年8月1日から再び負う。そして，ペルシャは借款3，5，6，8，9，10の担保となっている収入は，これらの借款の〔償還の〕後も，この合意のゆえにイギリスに対して支払われるべき金額についての担保でありつづけるということに同意する。(*IPD* vol. 5, p. 698)

以上がマクリーンの思い描いているイギリス゠イラン間合意である。最後にマクリーンは，イラン政府が返済のための相応の期間とこれら負債の長期借款への転換を求めてくるであろう，と述べて覚え書きを締めくくっている（*IPD* vol. 5, p. 698)。

このように，「ペルシャの財政」と題するこの小論は「ペルシャの対外債務」の説明に終始している。財政全般を扱っていないという点で不適切な表題であるとする向きもあるかもしれないが，表題が読者に喚起する問題領域の核心を突いているという点では，むしろ適切な表現であるともいえる。当時のイランは外国によってファイナンスされていたのであり，これが財政のみならず，経済のみならず，状況全般の核心をなしていたのであった。

3　銀の不足と外国銀行の危機

（1）銀行危機と権力の空白

このように，イギリス，ロシアは，戦争前と同じく金融的にイランにコミットしていたわけであるが，約1カ月後，すなわちほぼ時を同じくして，まさにこの金融部面において協商側に打撃を与えようとする試みがドイツによって為された。ペルシャ帝国銀行への取付がそれである。同行は利権書により銀行券による兌換請求がありしだいそれに応じる義務があるのだが，この時には30パーセントしかカヴァーできず，破綻の危機に追い込まれた。

以下，この取付の件をイギリス外交文書（機密，1915年5月5日付）に即して詳しく見ていくことにする。まず，この文書を冒頭から要約する形で紹介する（ここで「私」とは報告者のイギリス公使マーリング〔Charles M. Marling〕のことである）。

4月22日早朝，ペルシャ帝国銀行支配人ウッド〔A. O. Wood〕から私に，同行がテヘラーンにおいて兌換請求に応じられない旨通知があった。これは青天の霹靂であった。というのは，私はテヘラーン着任以来，ドイツ公使館による兌換請求の話を2～3回（総額6万トマーンを超える）ウッドから聞いていたが，ウッドがこれを不安に感じていた様子はなかったからであった。

　もし同行が業務を停止すれば，イギリスの信用が大きく傷つくのみならず，金融恐慌が発生し深刻な無秩序が生じるであろう。敵がまさにこの銀行から引き出した銀を使ってこの状況を利用することが懸念される。同行をはじめ，イギリス系諸機関への攻撃が起こるかもしれない。

　したがって，この危険な状況に対処できる新内閣を組織することを急がなければならなかった〔モシーロッドウレが3月末か4月(6)に辞任し，まだ新内閣が発足していなかった〕。そこで私は，フランス公使とロシア代理公使を招き，今後の方針について協議した。しかし，誰を宰相に推すかについては合意に達しなかった。英仏両公使はエイノッドウレを，バッハ（M. de Bach）〔この人物がロシア代理公使であろう〕はサアドッドウレ〔Mirza Javad Khan Sa'd al-Dowle〕を推した。

　その日の午後は，内閣の構成について有力者たちの意向を打診することに費やした。驚いたことに，サアドッドウレ宰相のもとで閣僚ポストにつくことに躊躇する者はどこにもいなかった。たとえば，エイノッドウレは条件つきながら内相就任を約束した。夕方までには，サアドッドウレ内閣がすでに書類の上では誕生したかに思われた。　　　　　（*IPD* vol. 5, pp. 701-702：抄訳）

（2）宰相候補の危機認識

　したがって私は翌日，「我々がサアドッドウレを採ること（our adopting Saad-od-dowleh）」に異議を唱えなかった〔ここで，マーリングが何らかの形でサアドッドウレと接触したと思われる〕。

　サアドッドウレはペルシャ帝国銀行による銀支払いの停止は激しい興奮をもたらすに違いないと言い，そして，頼れる武力は警察だけだと指摘した。こ

れはおそらく正しいであろう。ジャンダルメリーはその忠誠が疑わしく，ドイツへの共感を公言していたスウェーデン人将校によって指揮されていた。このためコサック旅団と関係が悪かった。このコサック旅団はといえば，テヘラーンにおいて約400名にまで人数を減らし，不人気であり，ロシア軍の支持がなければ軍事的にほとんど無価値であるとされていた。

このようなことからサアドッドウレは我々に「もしロシアのガズヴィーン守備隊を頼ることができないなら，状況を制御することは困難である」とはっきり述べた。エイノッドウレも困難が今にも起こりそうであるとほのめかした。メリル大佐は状況を，サアドッドウレの認識よりもはるかに危険なものとして描いた。

一般にペルシャの町で何がパニックの感覚を生み出すか，突き止めるのはむずかしい。ここ数日間，テヘラーンは根拠のない恐怖に取り付かれていた。トルコ軍がすでにケルマーンシャーに居て，テヘラーンに進撃する準備ができているとか，3万人のロシア軍がアンザリーに砦を築きテヘラーンに向けて前進している，といったたぐいである。

〔前日の〕木曜〔22日〕の夜，コサック旅団のプロズクヴィッチ大佐（Colonel Prozukwitch）は，ロシア公使館が襲撃されると聞いたので同旅団内の兵舎で夜を過ごすようバッハに電話で伝えた。またその夜遅く，6名ほどのドイツ臣民がアメリカ公使邸を訪れ，朝までとどまった。

テヘラーンがこのような状況であるからには，たとえばペルシャ帝国銀行の地位についての公告といった刺激は深刻な無秩序を引き起こすことは明らかであった。我々は平穏を維持するためにあらゆる手段を尽くさなければならない。そこで我々はそれぞれ自国政府に，必要な場合にはガズヴィーンのロシア軍にテヘラーンに移動する権限を与えるよう，そして，増強の準備をしておくよう打電した。　　　　　　　　　　　（*IPD* vol. 5, p. 702；抄訳）

（3）宰相選びのその後のプロセス

次の3つのパラグラフ（1ページほどの分量）にも宰相選びの詳細なプロセスが描かれている。要点のみを記すことにしよう。

① 翌朝〔24日？〕私を訪ねてきたモイーノルヴェザーレ〔Mo'in al-Vezare；官職名等不明〕に，私とバッハはサアドッドウレを宰相にするようシャーに推薦するつもりである，と述べた。

② これに対し，モイーノルヴェザーレは，サアドッドウレは人気がないのでそれは決して実現しないであろうと言明した。

③ 1時間半後，私はファラハーバードからの彼の電話のメッセージを受けた。それは，シャーは，接見は予定していた4時ではなく翌日にしてほしいと望んでいるというものであった。これは，彼が宮殿に行ってサアドッドウレ任命阻止を工作した結果であるにちがいなかった。

④ 私はこれを断った。というのは，ペルシャ帝国銀行の状態は，いかなる遅れも許さないものであったからである。その結果我々は予定通りの時間にシャーに拝謁を許された。

⑤ 私は，サアドッドウレに政権を任せると判断したのは，彼がロシアに信頼されているからであるとシャーに説明した。

⑥ シャーは明らかにモイーノルヴェザーレから入れ知恵されており，サアドッドウレの不人気を理由に，アラーオッサルタネあるいはエイノッドウレではどうか，と述べた。

⑦ 1時間半の話し合いの後，ようやく我々はサアドッドウレ任命についてのシャーの同意を取り付けた。

⑧ テヘラーンへの帰途，サアドッドウレの家に行く途中，我々はエイノッドウレを訪ねたのだが，そこで不愉快な驚きが我々を待ち受けていた。すなわち，我々がサアドッドウレ任命の線でうまくいったと彼に伝えるや，彼は入閣を固辞したのであった。

⑨ サアドッドウレは自分が任命されることを固く信じていたが，翌日〔25日？〕，彼を排除しようとする広範な動きが存在することが明らかになった。ドイツとトルコの影響がどれぐらいあったかは分からないが，これら両国の代表者2名が夜おそくファラハーバードに行き，シャーと会ったことは確かである。

⑩ 朝のうちにサアドッドウレがシャーに呼び出された。彼が帰ってきて

我々に言うには，シャーはファルマーンファルマーを入閣させたくないとのことであった。これは，〔トルコ大使〕アスム＝ベイ〔Asım Bey〕に吹き込まれた結果であるに違いなかった。というのは，ファルマーンファルマーは強硬な反トルコ主義者であったからである。

⑪　その代わり，シャーはエイノッドウレを入閣させることを約束した。だが，エイノッドウレはまたもや入閣を断った。そして，バフティヤーリーのサムサーモッサルタネ〔Samsam al-Saltane〕も，その入閣がバフティヤーリーの支持を確保するという点で望まれるのだが，入閣をためらった。もし時間があったならば，我々の思い通りに出来たかもしれないが，ペルシャ帝国銀行の問題を早急に収束させなければならない。このことと，無秩序があらばそれにつけこもうとしているドイツの公使およびお供の扇動家たちが今にも到着しそうであること，この2点を考えるならば，ぐずぐずしていられなかった。

加えて，テヘラーンにおける不安が悪化し，サアドッドウレ自身が，ロシアの武力なしには政権を引き受けることはできないとしているにもかかわらず，在ガズヴィーンのロシア軍の増強は期待できなかった。たった900名の在ガズヴィーンのロシア兵力では政権を支えることなどできない。

したがって，我々は，もしシャーをサアドッドウレ支持へと誘導することができなければ，エイノッドウレ任命に同意しよう，ということで考えがまとまった。ただし，我々は外部にはいかなる譲歩のしるしも見せないようにした。それゆえ，月曜（4月26日）の朝，バッハと私とがファラハーバードへと向かった時，我々がいかなる行動をとろうとしていたか知るものは，我々自身以外には誰もいなかった。

⑫　我々の来訪をあらかじめ知らされていなかったシャーは，我々を一人で，そして直ちに迎え入れてくれた。我々は，シャーがサアドッドウレの宰相への任命を約束したことなどに注意を喚起した。エイノッドウレに関しては，我々との約束をたがえたばかりの人物をどうして我々は，そして我々の政府は信ずることができようか，と述べた。

結論を述べることにしよう。我々は譲歩した。そして，家に帰る途中，エ

イノッドウレの家に達する前に，エイノッドウレはシャーに召還され，5時までには彼は，閣僚評議会議長，つまり宰相に任ずる勅令を手にしてテヘラーンに戻っていた。　　　　　(*IPD* vol. 5, pp. 702-703；抄訳)

(4) 権力中枢の編成の態様

　以上の要約を，冒頭にさかのぼってここまで，さらにできるだけ短く要約すれば，次のようになる。

　ペルシャ帝国銀行への取付がおこり，これに危機感を抱いたイギリス公使が新内閣を組織することを急いだ。誰を宰相に据えるかについては，当初はサアドッドウレに決まりそうだったのだが，政敵やドイツ，トルコの反対工作により実現せず，結局はエイノッドウレに決まった。

　短くまとめればこのようになる。若干冗長になることを恐れつつ以上かなり詳細にこの過程を紹介したのは，これが，この時期のイランにおける権力中枢の編成のありようを具体的に示すものだからである。

　第一次世界大戦中，イランでは幾度も政権交代が行なわれたが，それらの多くにおいて，このようなこと，すなわち諸外国による関与が為されたにちがいない。

　このケースでは，新内閣を組織することを急いだイギリス公使が先ずとった行動は，フランスおよびロシアとの意見調整であった。そして，彼ら列強の外交官たちは有力者たちに入閣の意向を打診し，さらには，宰相となるべき人物をシャーに推薦し，同意を取り付ける，ということまでしている。そしてもちろん，諸外国による関与といっても，それら諸外国は，大きく協商側と同盟側に分かれて相争っていたのであり，この争いが新政権誕生の過程に大きく反映されていく。そして，国内の権力基盤として宰相候補者が頼るべき軍事力は自国のそれではなく，外国のそれであった。しかも，中立国ではなく交戦国の。

(5) イギリスとイランの金融システムへの攻撃

　そして，このケースの大きな特徴として，新内閣を組織することが取付の問題と密接に関係していたことを挙げることができる。この取付が，内閣が存在

第4章　イラン財政・金融の危機

しないという政治的空白を狙ってのことであった可能性ももちろん十分に考えられる。ドイツは，イランにおけるイギリスの「顔」であるペルシャ帝国銀行を，武力ではなくこのような形で攻撃したのであった。だが，これによって打撃を受けるのは，ドイツがそれを意図していたがどうかは別として，イギリスだけではなかった。この点について説明することにしよう。

　上述の要約にある通り，ペルシャ帝国銀行の銀支払い停止には，宰相候補者も懸念を表明している。この発言はイギリス公使に対してなされたものであり，したがって外交的観点からの，あるいは人間関係的観点からの建前である可能性も考えられるが，いろいろな点から考えて，宰相候補者の本音とみて間違いないであろう。

　ペルシャ帝国銀行の銀支払い停止は，単なる一「外資系銀行」の破綻ではない。同行はイランにおける独占的発券銀行であり，したがって，その銀支払い停止は，流通している全銀行券の信用が大きく傷つくということを意味するのである。また，同行は国庫出納業務を行ない，市中の諸金融業者の手形を割り引いたりしていた。すなわち，独占的発券銀行であるのみならず，「政府の銀行」，「銀行の銀行」でもあったのである。その銀行券の兌換停止は，中央銀行の破綻にほかならない。宰相候補者のペルシャ帝国銀行の銀支払い停止への懸念表明が本音であると筆者が判断する根拠としては，これだけで十分であろう。

　ドイツのペルシャ帝国銀行攻撃は敵国イギリスへの攻撃であったのみならず，イランの金融システム全体への攻撃でもあったのである。図式的な表現に変換することを許されるならば，ペルシャ帝国銀行の中に，金融という部面の中にイギリスとイランが溶け込んでいたのであった。

　しかし，その場合，イギリスとは何か，イランとは何なのか。少なくともイランに関する限り，そこに国民経済が，あるいは統一的国内市場が存在していたとは，具体的・実証的にはもちろん，抽象的・理論的にも考えにくい，というのが筆者の実感である。この実感が論理として正しいならば，この図式的表現は図式としてさえ，比喩としてさえ成立しなくなる。ペルシャ帝国銀行の中に世界が溶け込んでいた，としか言いようがないかもしれない。このことは，経済の，物質（および役務）の運動を追跡するに際して政治的信条といったイ

111

デオロギーはもちろんのこと，観念一般に引きずられてはならないということを示唆しているように思うのだが，ここではこれ以上この議論を進めることによって抽象的・理論的結論を求めるといったことは避け，具体性・実証性の世界に舞い戻り，その後の展開を追うことにしよう。

（6）銀支払再開へのイギリスの保証

新内閣の組織には，この取付の問題のほかに，ドイツ公使たちの到着の問題が関係していた。この3つが相互に関係していたわけである。この内，新内閣の組織は，上述の通り一応大きな山を越えた。さらに局面は動く。上述の要約に引き続く2行からなる短い段落で，報告者であるイギリス公使は次のように伝えている。

> 同じ頃，ロイス王子（Prince Reuss）〔ドイツ公使〕が，扇動家の一団，そして武器と資金の護送隊とともに〔イランあるいはテヘラーンに〕到着した。
> (*IPD* vol. 5, p. 703)

その次の段落の冒頭には，入閣候補者をめぐる困難も取り除かれた，と述べられている。残るは取付の問題のみである。同史料の要約を再開することにしよう。

今や，エイノッドウレは，生命にかかわるほどの緊急性を有するペルシャ帝国銀行の問題へと歩を進めた。私の要請に応じて，マクリーン氏が作成してくれた，同行の銀支払いの一時的停止を規定した法案の草案がマジュレス議長モオタメノルモルク〔Hoseyn Pirnia Mo'tamen al-Molk〕へと渡された。議長はそれを代議員からなる委員会へと伝えた。[9]
同委員会はそれを，最終的に提案される形へと整えた（主な修正点は，同法案の有効期間が，3カ月から60日に短くなったこと）。だが，モオタメノルモルクは私に，銀支払い再開についてのイギリス公使館の，望むらくはイギリス政府の保証なくしては，この法案を，マジュレスを通過させることはできないで

あろう、とほのめかした。彼によれば、ペルシャ政府の保証はまったく無価値であった。

事柄の緊急性に鑑み、そして銀支払い再開についての満足すべき措置をロンドンのペルシャ帝国銀行取締役会は講ずるであろうとのウッド氏の断言に鑑み、私は、実際に職務を行なっている唯一の大臣であるエイノッドウレに、書簡の形で保証を与えることを引き受けた。

この時に限っては、モオタメノルモルクは真の決断力を示し、1回の短い会期で法案を通過させた。この法案は翌朝（4月29日）[10]新聞に掲載された。しかし、何らかの手落ちによって新聞は一部たりともペルシャ帝国銀行にもたらされず、ウッド氏——この法律によって同行の業務状況を監督するために任命された政府監督官の助言のもとにあった——が少額の銀請求に応じつづけていた。ただし、ある程度以上の額については拒否していた。残念なことに、このような少なからざる額の請求者の中に、イギリスの企業ズィーグラー（Zeigler〔sic〕）があった。イギリスの利益に対するかかる配慮の欠如を正当化するいかなる理由もなしに、である。

だが、他方においては、同行の銀行券はすでに不信の目で見られつつあった。加えて、次のような噂が広まったことによって災いが益々大きくなった。すなわち、ペルシャ政府〔エイノッドウレ〕への私の書簡で保証された額は、同行によって経常勘定へと為された与信（20万ポンド超）のみならず、1911年に同行によってロンドンで発行されたペルシャ債（125万ポンド）も含む、という噂である。誤解を解くため、私は彼〔ウッド〕の求めに応じて再びエイノッドウレに書簡を送り、その要旨が翌日公表された。この書簡と私の最初の書簡、同行に関する法律、そしてウッド氏の書簡を同封することとする。

(*IPD* vol. 5, pp. 703-704；抄訳)

（7）危機の本質

これまでの部分を、これら4つの文書に拠って補足することにしよう。

まず、最初のマーリングのエイノッドウレ宛の書簡は、前述の通りペルシャ帝国銀行の銀支払い再開についてのものであり、モオタメノルモルクの第1希

望たるイギリス政府（公使館ではなく）の保証を次のように明言している。

　銀支払い再開後、もしペルシャ帝国銀行が同行券兌換請求に応じられない場合は、「ペルシャ政府の〔ペルシャ〕帝国銀行への負債額を差し引いた上で、その時に流通している銀行券の当該額を金または銀で支払う」と（*IPD* vol. 5, p. 705）。

　これに対して生じた誤解を解くための2回目の手紙については、補足する点は特に見当たらない。

　マジュレスを通過した法律は6ヵ条から成っている。これは逐語訳することにしよう。

宰相エイノッドウレ王子によってマジュレスへと提出され、1915年4月27日に同〔立法〕府によって可決された法案

第1条　この国における金融取引の順調な流れを妨げる困難──それは、ヨーロッパにおける交通連絡手段の途絶および銀輸入の減少によって引き起こされた──を除去するため、そしてペルシャ帝国銀行券の交換を妨げる困難を除去するため、さらに取引における銀貨の適切な残高と流通を守るため、ペルシャ帝国銀行はヒジュラ暦1333年ソウル月8日（1915年4月28日）から60日間連続で、その銀行券と引き換えに1日当たり1万トマーンのみをペルシャ銀貨で支払う権限を有する。

第2条　1日当たり1万トマーンの合計金額のほかに、同行は、一般の人々に銀行券を支払う際、その金額の内1トマーンを銀貨で支払う権限を有する。

第3条　国家および政府のすべての取引において、銀行券はこれまで通り通貨であるであろう。

第4条　上記第1条で述べた60日が経過した後、この法律は無効となる。

第5条　この法律は首都にのみ関するものである。

第6条　この法律の執行は内務省に委ねられる。

ソルターン゠アブドルマジード（Soltan 'Abd al-Majid；*IPD* vol. 5, p. 705）

第4章　イラン財政・金融の危機

　ここで注目されるのは，この兌換停止の（というよりより広く，イランにおける通貨・金融全般にわたる）危機の原因が明言されている点である。これまではドイツによる取付しか指摘されていなかった。たしかに，それこそが大きなインパクトを与えた直接的契機であったが，その前提あるいは背景としてここに指摘されている状況がすでに存在していたのである。あるいは換言すれば，こういう状況であるからこそドイツはこのような挙に出たというべきであろう。ヨーロッパにおける交通連絡手段の途絶および銀輸入の減少，とあるが，この「および」は「によるところの」と読みかえてよいであろう。この因果連鎖をさらにさかのぼれば，いうまでもなくそれは第1次世界大戦勃発ということになる。

　したがって，たとえ取付問題が収束しても，この大状況が変わらない限り，すなわち戦争が終わらない限りイランにおける通貨・金融問題は本質的に解決しないということである。本書で扱う全期間をこういう大状況が支配していたということをここに確認しておく次第である。マーリングからエイノッドウレへの最初の書簡で，イギリス政府が銀行券と引き換えに渡すものとして銀のみならず金をも挙げているという事実は，こうした大状況のもとでの銀の節約という意図をもってのことであったのかもしれない（というのは，金貨はほとんど流通していなかった）。

　第2条は，銀行券流通高を少しでも抑えることによってさらなる取付の可能性を少しでも少なくする，ということのほかに，顧客を安心させるという心理的効果を狙ったものであろう。この発券の問題については，同封文書の4点目，ウッドのマーリング宛の書簡でも取り上げられている。以下に全文訳出しておく。

ペルシャ帝国銀行テヘラーン店支配人からマーリング氏へ
　　　　　　　　　　　　　　　　　1915年4月28日
拝啓
ペルシャ帝国銀行の銀行券について貴台が親切にもペルシャ政府にお与えになった保証に関して，私は，弊行取締役会〔the Bank in London〕が，

この保証についてイギリス政府が要求する必要な担保を供する，とここに光栄にも請け合うものである。

私は，イギリス政府によって為されるかもしれない質問に十分に答えることができるように，取締役たちに情勢を正確に伝えつつある。

今後2カ月のあいだ，弊行は，弊地イギリス公使館の承知および同意なしにはペルシャにおける銀行券発行高を増やさないということはいうまでもない。

敬具

A. O. ウッド（*IPD* vol. 5, p. 706）

エイノッドウレへの最初の書簡でマーリングは，ペルシャ帝国銀行が支払えなくなればイギリス政府が支払う，と保証したが，ここでは，このイギリス政府の保証は，ペルシャ帝国銀行の財務力によって裏づけられようとしていたのである。そして，このイギリス政府とペルシャ帝国銀行との結びつきは，発券高という領域においても発現しようとしていた。イランにおける唯一の銀行券の発行高が，帝国の意思と結びつこうとしていたのである。

（8） ペルシャ帝国銀行券額面割れ

同封の書簡による補足を終えて，イギリス公使の報告に戻ることとする。

同行の状況を曝け出してしまうことでバーザールに動揺が広がるとの懸念はもちろんあったが，私は，民主党員たちもマジュレスで賛成票を投じたわけであるから，事態の収拾に多少なりとも熱心に取り組むものと，それなりの確信をもって期待していた。ところが，彼らはそういうことをせず，そしてあらゆる小規模在地金融業者や両替商が（そしてより規模の大きな者たちの一部も）同行銀行券が2，3カ月の内に完全に価値を回復するとの見込みのもと，その市場価値を低下させるのに熱をあげた。このため，同行紙幣は数日間，額面をかなり割ることになった。

(*IPD* vol. 5, p. 704)

第4章 イラン財政・金融の危機

　ここで，民主党という政党が反協商的性格を有していたということを補足しておきたい。同銀行券が額面割れを起こしたことはドイツの意図がそれなりの成果を挙げたことを意味しよう。帝国の銀行，イランの独占的発券銀行も信用秩序から超然とした存在ではありえなかったのである。
　信用秩序は次のようにして回復へと向かう。

　しかしながら，政府への大きな圧力の結果，これらの紳士たちに対して強硬な手段が採用されることとなり，今月〔5月〕5日までには銀行券はその2日前の15パーセントの割引と比べればかなり障害なく，5パーセントの割引で受領されるようになった。これはまた，部分的には，ロシアの銀行〔ペルシャ割引貸付銀行〕の同情的な態度——遅ればせのものではあったが——に起因するものでもあった。　　　　　　　　　　　　（*IPD* vol. 5, p. 704）

　なぜペルシャ割引貸付銀行は「同情的な態度」をとったのか。それは，同盟国としての信義もさることながら，イギリスの，すなわち協商側の信用が失墜し，イランをして中立を捨てて同盟側に走らせてしまうことを恐れたためであったと思われる。信用秩序回復がペルシャ割引貸付銀行自身の日常的業務の支障なき進行にとっても必要，といった程度の理由ではなかったはずである。
　他方において，ペルシャ帝国銀行の破綻はペルシャ割引貸付銀行にとって大きなプラスも期待しえた。イランで営業していた銀行の名に値する金融機関（つまり，貸金業者や両替商などではない，という意味）は，この2つの外国銀行だけであったから，ペルシャ帝国銀行が破綻した場合，受け皿としてはペルシャ割引貸付銀行しかない。独占的発券権も自らの手中に転がり込んでくるかもしれない。
　だが，このようなプラス面は想定しえたものの，結局はマイナス面のほうが大きいと判断したわけである。「同情的な態度」が「遅ればせのもの」となったのは，この判断に時間がかかったことを示すものであろう。

注

（1） 文書に名も職名も記されていないので，誰なのか特定できない。
（2） ここで，協商側がなぜ，イランに協商側に加わっての参戦ではなく中立を望んだのかは不明である。今後の検討課題としたい。
（3） なお，厳正中立維持が上に述べられ，この7の前半部分にも述べられているのは矛盾しているようにも思われる。ただし，この7の部分での力点が「中立の維持」ではなく，「あらゆる可能な措置を講ずる」のほうに置かれているならば，必ずしも矛盾とはいえない。
（4） この「全額（the whole）」が，100万ポンドのことか60万ポンドのことか，原文から文法的に断定的な判断を下すことはできないが，おそらく前者であろう。27日のモシーロッドウレの提案の箇所で，60万ポンドは支払猶予であることが明記されていたが，40万ポンドも同宰相は新規借款ではなく支払猶予あるいはそれに類するものとして考えていたのであろう。
（5） 原文では次のように空白あり。
 "by □□〔空白〕half yearly payments of equal amount"
（6） モシーロッドウレは3月に宰相に就任し，1カ月間在任した（*IPD* vol. 5, p. 704 vol. 8, pp. 75, 422, vol. 9, pp. 89, 266, 608-609, vol. 10, p. 110）。
（7） 王宮の所在する地名（[Kleiss] p. 233）。
（8） ファラハーバードは，その後のテヘラーン市域の膨張により，現在ではテヘラーン市の一地区をなしているが，当時はテヘラーンの市壁の外にあった（[Kleiss] p. 233）。
（9） モオタメノルモルクはモシーロッドウレの弟である。この点については（6）で挙げた箇所以外に，同史料の vol. 5, p. 689, vol. 8, pp. 77, 425および［Shuster］p. 118を見よ。
（10） マーリングからエイノッドウレへの書簡の日付も，法案が通過した日付も27日となっている。したがって，その翌日が29日であるというのは明らかに矛盾である。

第5章

為替危機とペルシャ帝国銀行

1 為替危機とイギリス,ロシア

(1) イラン通貨の為替相場の上昇

　国土が「ヨーロッパの戦争 (*PGTR* Bushire vol. 2, 1915/16, p. 1)」の戦場と化してしまったイラン。その混乱ぶりは,金融面では財政危機の深化や「中央銀行」への取付などとして現象した。為替の面にもそれはあらわれた。ただし,イラン通貨の為替相場の下落を想像されるかもしれないが,そうではなく,上昇したのであった。

　これは,イラン国内に外国通貨の供給過剰が存在したためであった。イランに駐留するロシア兵たちは,ペーパー＝ルーブルでもって俸給を支払われていたし,イギリスはイラン人たちを味方に引き入れるためにふんだんにカネをばらまいた。

　他方,これら外国通貨への需要は大きくはなかった。というのは,貿易が減少したため,在イランの商人たち(すなわち,イラン人商人のみならず在イランの外国人商人も)は外国通貨をさほど必要としなかったためである (*FO* 371/2734: 12 May 1916; [Simkin] pp. 43, 53)。

　ロシアは,自国商品を戦争での使用に温存し,対イラン貿易禁止措置をとった。イギリス領インドからの商品には大きな需要があったが,インド政庁は,1915年11月にシーラーズを襲撃した諸部族に打撃を加えるべく,ペルシャ湾貿易を禁止した。イランが無秩序状態であることも貿易の妨げとなった (*FO*

371/2734：4 August 1916；[Simkin] p. 53)。

　このような外国通貨（すなわち，この場合はルーブルとポンド）の供給過剰は，イランの通貨ゲラーンの相場を急上昇せしめた。投機家たちはゲラーンを退蔵するようになり，このためゲラーンの購入すなわち外国通貨の売却は困難となった。

　ロシア軍は，その食糧を現地で調達しなければならなかったのだが，ペーパー＝ルーブルはまもなく，イランの商人たちから歓迎されざるものになってしまった。このこともゲラーン相場の上昇の大きな要因（原因であり，結果でもあったであろう）であった（[Simkin] pp. 43, 53)。

(2) イランへの銀地金輸入増による貨幣供給増

　イギリス，ロシアがイランで自らの通貨を支出すればするほど，ゲラーンに対する価値は下がる，すなわちコストが高くなる。これを解決するために現実に取りうる措置はそう多くはない。

　まずは，イランにおけるゲラーン供給増であり，そのための地金輸入増である。地金をイラン政府に供給しコインを発行する権利はペルシャ帝国銀行が独占していたが，1914年，ロシアはこれをペルシャ割引貸付銀行にも分け与えるよう求め，この旨イギリス・ロシア間で合意が成立した（以下，「1914年イギリス＝ロシア間合意」)。この合意は，当初はイラン政府の同意を得られなかったのだが，1916年初めまでにはロシアはイラン政府に同意させた（*FO* 371/2734：6 March 1916；[Simkin] pp. 53-54)。

　同年3月，ロシアは，テヘラーン造幣所の造幣能力不足を理由に，ロシアがイランのコインを造幣し，軍票（military notes）を発行する，と述べた。ペルシャ帝国銀行は，造幣能力は十分であると請け合ったのだが，ロシアはペルシャ帝国銀行に地金を供給しようとはしなかった。イラン駐在イギリス公使マーリングは「ロシアはイギリスの信用でイギリスで購入した地金を豊富に有している」と不平を言った。3月末，ロシア駐在イギリス大使ブキャナン（Buchanan）はロシア外相サゾノフに，もしロシアが地金を供給すれば，ペルシャ帝国銀行は十分なコインを供給することが完璧にできる，と伝えた（*FO* 371/2734：

27 March 1916; [Simkin] p. 54)。

　これに対し5月中頃，ロシアは新たな提案をした。それは，上述の1914年イギリス＝ロシア間合意を次のように改めるべきだ，というものであった。すなわち，造幣されたコインは両行のあいだで平等に分配するのではなく，両国公使館が，輸入される地金の額とそれぞれの銀行のコインの取り分とを決める，というものであった。イギリス駐在ロシア大使ベンケンドルフ（A. K. Benkendorf）は，ペルシャ割引貸付銀行の地金購入資金が，ロシアに与えられたイギリスの戦争信用（war credits）からまかなわれることを期待したが，イギリス政府はこれを，ペルシャ割引貸付銀行によるペルシャ帝国銀行の土台の掘り崩しであるとして不快感をあらわにした（FO 371/2734：20 June 1916, 27 June 1916; [Simkin] p. 54)。

　さらにベンケンドルフは，ペルシャ割引貸付銀行はロシア軍のための貨幣の両替を中止することを余儀なくされるかもしれない，と述べた。そのようになれば，ロシアはイランの人々にペーパー＝ルーブルを押し付けて，あるいは何も対価をわたさずに物資を徴発するという事態に立ち至ってしまう。すなわち，イランの人々の協商側への反感が強まってしまう。

　マーリングは，ロシアは「外国為替飢饉」をペルシャ帝国銀行の力を弱めるために利用しようとしていると非難し，イギリス公使館が銀行業務に通じていなかったことが不利益をもたらした，と自ら認めた。

　結局6月末，イギリスは1914年イギリス＝ロシア間合意の改定を拒否した。それは，銀地金輸入のためのロシアへの信用供与を終わらせることによって自らの不快感を示すというやり方によってであった（[Simkin] pp. 54-55)。

（3）ロシアで造幣されたイラン＝コインの輸入

　1916年7月ごろまでに，ルーブルの引き続く価値低落のゆえに，ロシアは「ロシアの国境の外のすべてのロシア軍および文民の被雇用者」への支払を中止することを余儀なくされた。それゆえ，ロシアは「ロシアで造幣されたペルシャ＝コイン」を輸入することにイランが同意することを望んだ。ペルシャ帝国銀行はこれに反対した。

ロシアは，1914年イギリス=ロシア間合意をイラン政府が是認するよう望んだ。ベンケンドルフは，発送された地金がイランに届き造幣されるまでの繋ぎ資金として，月額20万ポンド，期間6カ月のイギリス財務省信用（a British Treasury credit）を欲した。これに対して，イギリスは，ペルシャ帝国銀行，外務省，財務省のあいだでの協議の結果，イランへの地金の発送をロシアがはかどらせることを条件に，与信を，月額4万ポンド，期間3カ月，と決めた（なお，この協議の財務省の代表「ケインズ氏」とは，あのジョン=メイナード=ケインズ〔John Maynard Keynes〕のことであろう）。

イギリス外相グレイは，同インド相チェンバレン（Joseph Austen Chamberlain）に，ブーシェフルへの出入港禁止を解くよう頼んだ。イギリス財務省はロシアに，イランとの限定的貿易を許可するようせきたてた。実は，イギリス財務省がロシアに対する与信を4万ポンド，3カ月にとどめたのは，ロシアにこの貿易制限緩和を促すためであった。

その結果，10月中頃までに1914年イギリス=ロシア間合意が実行されるに至った（*FO* 371/2734: July 1916; [Simkin] pp. 55-56）[2]。

2 イギリス帝国のエージェント，ペルシャ帝国銀行

ペルシャ帝国銀行はイギリスの銀行であり，かつイランの銀行でもあるという二面性を有していたが，第一次世界大戦期には前者の側面が強く前面に出ていた。

同行はイギリス帝国のエージェントとして，巨額の資金をイランに注ぎこむための脈管として機能した。また，それらの資金をイランで使用できる形態に，すなわちイランの現地通貨に変換せしめるという機能も担っていた。

イランにおけるイギリスの政府支出は次の4つの形態をとった。

第1に，イラン政府をファイナンスすることである。

1914年11月，イギリス政府は1911年借款の利払いを行なうことによってロンドンにおけるイランの信用を保持しようとした。1915年10月には「モラトリアム」という名の対イラン政府資金供与が3月にさかのぼって行なわれることが

第5章 為替危機とペルシャ帝国銀行

合意された。1916年4月には、セパフサーラール政権は、財政を管理する委員会の創設とイギリスとロシアがイランで新兵を募ること、この2点に合意した。これは、24万ポンドの資金供与の見返りとしてであった。この委員会には、ペルシャ帝国銀行とペルシャ割引貸付銀行から人材が送り込まれていた（この他にイラン人2名、それに委員長としてベルギー人）。

第2に、軍事面でのイギリス政府支出である。

ペルシャ帝国銀行は、インド人部隊を含めたイギリス帝国軍へと送られる資金が通る脈管であった。

イギリスの駐在政務長コックスはのちに、ペルシャ帝国銀行シーラーズ支店支配人がいつも「我々が求めたものすなわち資金」を南ペルシャ＝ライフル隊のために何とかして用立ててくれた、と回想している。同行は、イギリスのコーカサスへの遠征部隊であったダンスターフォース（Dunsterforce）にも資金を供給した。その額は1918年の最初の8カ月間で160万ポンドにのぼった。

第3に、政治的な支出である。

それは具体的にはテヘラーンの公使館や各地の領事館の費用、イランの有力政治家たちへの貸出、それに飢饉救済金などであった。

第4に、イラン駐在ロシア軍、ロシア公使館、それにコサック旅団のための支出である。

これは、ペルシャ割引貸付銀行が十分な額のゲラーンを供給することができなかったためであった。ペルシャ帝国銀行は、イランにおいてルーブルを買うことのできる数少ない業者の1つであった。ロシアの対イラン輸出が減少したため、バーザールにおけるルーブルへの需要が減少していた。イランにおけるペルシャ帝国銀行によるルーブル（ルーブル手形を含む）の購入をめぐっては次のようなシステムが形成されていた。

まず、同行がイランにおいてルーブルを買い、それらをロシアへと送る。ルーブル残高がある程度の額に達すると、それらはロンドン市場においてロンドン＝カウンティー＝アンド＝ウェストミンスター銀行（London County and Westminster Bank）によって売却される。このようなシステムであった。このシステムを通じたペルシャ帝国銀行のルーブル送金は1906年4月と5月で500

万ルーブルに達した。なお，1908年から1915年までペルシャ帝国銀行の取締役会長を務めたトーマス＝ジャクソン（Thomas Jackson）は1903年から1915年まで，ロンドン＝カウンティー＝アンド＝ウェストミンスター銀行の取締役でもあった。この人物は香港上海銀行（The Hongkong and Shanghai Banking Corporation）の総支配人を長らく務めた人物でもあった。ロンドン＝カウンティー＝アンド＝ウェストミンスター銀行は香港上海銀行のロンドン取引銀行（London bankers）であった。ペルシャ帝国銀行とロンドン＝カウンティー＝アンド＝ウェストミンスター銀行との取引規模はどんどん拡大していき，その結果，後者は前者のロンドン取引銀行の1つになった。

しかし，1917年のロシア革命によってこのシステムは破綻した。この年，ロシア軍をファイナンスするというペルシャ帝国銀行の役割が増大した。ルーブルが減価していったので，同行はパニックを，そして為替システムの全面的崩壊を未然に防ぐためにルーブルを大量に購入した。しかし，このやり方は長く続けることができなかった。そこで，同行が週200万ルーブルを限度にロシア政府の代わりにルーブルを購入し，ロンドンでポンドを得るという暫定的なシステムが考案された。

同年10月には，ロシア軍がルーブルを介さずにポンドの対価としてゲラーンを借り入れる，という取り決めが結ばれた。この方式は翌1918年5月まで行なわれ，この間6000万ゲラーンがペルシャ帝国銀行を通じてロシア軍に貸し出された（[Jones] pp. 176-180）。

3　同盟側の資金調達

イランで資金を必要としていた点では同盟側も同じであった。彼らはどのようにして資金を調達していたのであろうか。イランにおける銀行は協商側の2行だけであった。これら2行を同盟側が利用することは，もちろんできなかった。

同盟側の資金調達は以下の4つの方法によって行なわれた。第1に，資金を携行してイラン国内に持ち込むこと。第2に，イラン国内の支持者から借りる

こと。第3に、ペルシャ帝国銀行の店舗を襲撃し強奪すること。第4に、イラン国内の在地企業を利用すること（[Ettehadiye] p. 33）。

この内、第3の点については、1915年末時点でペルシャ帝国銀行の17店舗の内少なくとも7店舗が同盟側の手に落ち、10万ポンドにおよぶ資金が強奪されたということを記しておこう（[Sykes] vol. 2, p. 450）。

以下、第4の方法について説明する。

19世紀末、イランにおいてエッテハーディーイェ社（Sherkat-e Ettehadiye）、マスウーディーイェ社（Sherkat-e Mas'udiye）、エスラーミーイェ社（Sherkat-e Eslamiye）、ジャハーニヤーン社（Tejaratkhane-ye Jahaniyan）、ジャムシーディヤーン社（Tejaratkhane-ye Jamshidiyan）、マムレキャテ＝ファールス社（Kompani-ye Mamlekat-e Fars）、トゥマニャンツ社（Tejaratkhane-ye Tumaniyans）といった在地の諸企業が設立された。これらの中には、一時的にではあったが、ペルシャ帝国銀行とペルシャ割引貸付銀行の強力な敵手となったものもあった（[Bank-e Melli-ye Iran] pp. 46-53；[水田] 73〜109ページ）。

たとえばエッテハーディーイェ社がそうであった。同社は国内外で金融業を行なっていた。その国外の営業範囲は、イギリス、フランス、ロシア、インド、トルコに及んだ。

第一次世界大戦の初期、同社の長エッテハーディーイェ（Ettehadiye）はドイツと次のような取り決めを秘密裏に結んだ。それは、ドイツがイラン国外で同社に外貨を売り、同社がイラン国内でドイツの工作員たちにゲラーンを売る、というものであった。この取引は開始から3カ月後、イギリスの知るところとなり、イギリスは同社をブラック＝リストに載せ、イギリスとボンベイにおける同社の資産をすべて凍結し、自国民に、同社と取引をしないよう命じた。

何がエッテハーディーイェをしてこのような取引を行なわしめたのかは明らかではない。同社がこの取引から利益を得ていたことについては疑いないが、はたしてそれだけであったのか、何らかの政治的信条が関係していたのではないか、といった点については情報がないため不明である。

1916年1月、エッテハーディーイェは、代理人アーガーヤーン博士（Doktor Aqayan）を介してこの問題を解決するためイギリスと接触した。その結果次

のような合意が結ばれたことが当時の手紙から窺える。それはすなわち，今後イラン国内外を問わず，イギリスの敵の影響下にある会社あるいは個人と取引しないという約束を条件として，イギリス政府は自国民への同社との取引の禁止命令を取り消す，というものであった。

同年3月16日，エッテハーディーイェは自社の取引に関する日々の報告書をイギリス公使館に送ることを約束した。それは，ブラック＝リストに載っている会社や人物と，それと知らずに取引することを未然に防ぐためであった。

3月20日，エッテハーディーイェはイギリス公使館に手紙を送り，上記の条件の受け入れを約束した。

保証金としてロンドンに1万3000ポンドが送金された。受領が確認され，エッテハーディーイェがブラック＝リストから削除された。

第3章で述べたように，同年4月，イギリスがメソポタミアのクートルアマーラで敗北し，トルコがイランに侵入した。これによってイラン政府は再び（1回目は1915年11月であった）首都からの脱出を検討するに至った（[Ettehadiye] p. 33)。

エッテハーディーイェはイギリス公使マーリングに，次のような内容の手紙を送った。

トルコが進撃し，外交官たちがテヘラーンを脱出する可能性が出てきた場合，私の立場は非常に危険になる。私は仕事がたくさんあるので首都を去ることができない。このような状況下にあっては，私が貴国と結んだ取り決めゆえに，トルコとドイツは私を反逆者と見なすであろう。その結果，私の全財産が差し押さえられ，奪われるか，あるいは私に，彼らと取引することを余儀なくさせるかもしれない。もしそうなれば，貴国と私とのあいだの約束に違反することになり，のちに貴下に罰せられることになる。

([Ettehadiye] p. 33)

続けて彼は次のように提案した。

第5章　為替危機とペルシャ帝国銀行

次の2つのうちのどちらかである。第1に、イギリスが私を自らの保護下に置き、ペルシャ帝国銀行のために設定された決まり事を私にも適用し、同行がテヘラーンを去ることが決まった場合、私も同行と一緒にテヘラーンを去る。第2に、テヘラーンが〔同盟側によって〕占領された場合、私の〔貴国との〕約束を無効と見なす。　　　　　　　　　　　　（[Ettehadiye] p. 33）

翌日、イギリス公使は彼に次のように伝えた。

公使は本国政府の許可なしに貴下〔とわが国とのあいだ〕の約束を無効にすることはできない。首都が〔同盟側によって〕占領された場合、約束違反が完全に〔同盟側の〕圧力の下でのものであり、敵との敵対が貴下の義務ではなかったことを証明しなければならない。　　　　　（[Ettehadiye] p. 33）

　トルコの脅威はさほど長続きしなかった。クートルアマーラでトルコが敗北したのち、トルコはイランを去ることを余儀なくされた。その後トルコの力は衰えていき、イギリスが日一日と力を強めていった。ロシア革命によって、イギリスがイランにおける絶対的な権力者となった。
　イギリスはその後もエッテハーディーイェ社を自らの監視下に置いた。
　1917年1月、エッテハーディーイェがイギリスの下にある保証金を凍結解除するよう求めたところ、まだその時機ではないとして拒否された。
　1年後、アーガーヤーン博士とイギリス公使館とのあいだで行なわれた交渉の結果、ボンベイにおいて凍結されていたエッテハーディーイェの資産のうち10万5000ルピーが凍結解除され、この金額がアブドッラフマーン＝シーラーズィー（'Abd al-Rahman Shirazi）を介して支払われることに決まった。2週間後、この金額が香港上海銀行におけるアブドッラフマーン＝シーラーズィーの口座に支払われる旨、通知があった（[Ettehadiye] p. 33）。
　なお、このアブドッラフマーン＝シーラーズィーは、19世紀末イランに設立された在地企業マムレキャテ＝ファールス社の社長であった。同社がシーラーズで「銀行券」を発行するなど、ペルシャ帝国銀行と対抗関係にあり、香港上

海銀行がペルシャ帝国銀行と強いつながりがあったということを付け加えておこう（[Bank-e Melli-ye Iran] p. 52；[水田] 37, 83～84, 94ページ）。

　結局，1919年 5 月，イギリス政府は保証金のさらなる返還を決め，同月，1 万3000ポンドが返還された（[Ettehadiye] p. 33）。

　注
（ 1 ）　政府紙幣なのか銀行券なのか，あるいは軍票なのか不明なので，暫定的にこのような表現をとることとする。
（ 2 ）　第一次世界大戦期のイランの銀問題は，週 1 回開かれる取締役会でたびたび取り上げられている。特に，遅くとも1916年 3 月末（ 1 月から 3 月中旬にかけての数回にいてはデータの取得に失敗）から翌年の年初までは非常に頻繁に取り上げられており，この問題がいかに重要なものであったかが分かる（*BBME* 289/006）。

第6章

アラブ国家形成の胎動とその資金的中核

1 イギリス外交文書（*RH*）

　第一次世界大戦期，アラビア半島西部，紅海沿岸のヒジャーズ地方において国家形成の胎動が始まった。国家形成は一般に何らかの資金的中核を必要とすると考えられるが，この形成されつつあったアラブ国家の資金的中核が，イギリスから提供されたものであることはよく知られている。だが，このイギリス資金が，当時ジッダに店舗を有していた多国籍銀行，帝国オスマン銀行（Imperial Ottoman Bank, Bank-ı Osmani-i Şahane）とどういう関係にあったかといった点や，現地経済を攪乱し現地住民の反感を買う恐れについてイギリス側がどう認識していたのかといった点など，その詳細については，これまで管見の限り断片的にさえ論じられることはなかった。

　これは，このような問題が重要でないからか。そうではない，と筆者は考える。これらはアラブ国家形成，ひいては「中東世界」形成の問題を世界経済的観点から理解するための鍵をなすものであろうと推察される。

　幸い，さほど遠くない過去に公刊されたイギリス外交文書（*RH*）にこれらに関する史料がかなり豊富に収録されている。これによって史料的制約は大きく緩和された。そこで，本章ではこの史料によってこれら諸問題の展開を追い，研究の空白を埋めることにしたい。

2　国家形成と銀行形成

　1916年10月6日，イギリスのインド省はある電報を受け取った。その電報の「主題」の欄には「ジッダにおける〔帝国〕オスマン銀行のエージェンスィー」とあり，さらに同欄には「シャリーフの宣言によってエージェンスィーの立場が影響された」，「H. マクマホン卿に助力と助言を請う」といったことが記されている（発信者は不明）。「シャリーフの宣言」とは，9月22日にターイフにおいてトルコ軍が降伏したことについての翌日のメッカのシャリーフの宣言のことと思われる。6月7日のヒジャーズ独立宣言である可能性もある。なお，ここで H. マクマホン卿とは，フサイン＝マクマホン書簡で有名なマクマホン（Arthur Henry McMahon）である。当時，エジプト高等弁務官であった。
　「主題」に引き続く「覚え書き」という欄に詳細が記されているので，これにそくして見ていくことにする。この欄の冒頭に次のように記されている。

　　同封の文書〔2ページ目からのタイプ打ちのものか〕——はかなり興味深い。というのは，シャリーフがシャリーア〔イスラーム法〕を厳格に解釈した場合に，新たなアラブ国家における貿易業務および銀行業務に課せられることになる困難を示しているからである。　　　　　　（*RH* vol. 7, p. 573）

　国家形成と銀行。しかし，アラブ，少なくともこの地域のアラブに「自前の近代的銀行」があったわけではない。したがって，国家形成と銀行形成ということになるわけだが，この引用部分から，銀行形成はさほど容易なことではないことが分かる。
　困難は，この権力者にして権威者のおそらくはイデオロギーに発すると思われる予期される反応にとどまらない。民衆の実利的・経済的観点からの反対も十分予想された。すなわち，近代的銀行ができれば，彼らジッダの住民とメッカ巡礼者とのつながりが阻害されてしまう，というのである。ここで，ジッダがメッカの外港であり，紅海を船でやって来た巡礼者はここを通ってメッカに

表6-1　ジッダの交易（1905～1910年）

（単位：ポンド＝スターリング）

		1905年	1906年	1907年	1908年	1909年	1910年
輸　入	インド	1,026,448	703,143	726,930	480,488	569,359	485,931
	その他	1,240,868	1,011,044	n.d.	1,608,500	1,226,942	1,570,244
	計	2,267,316	1,714,187	n.d.	2,088,988	1,796,300	2,056,175
輸　出		39,343	71,845	36,885	51,799	49,704	65,959

（備考）　1909年の輸入の内訳と計とが一致しないが，原表のままとした。
（出所）　*RH* vol. 7, p. 597.

行った，ということを付け加えておく。

　ジッダの住民が，メッカ巡礼者とのつながりを阻害されればなぜ困るのか。それは，ジッダの人々はその生計をすべて巡礼に頼っていたからである。以下，11月18日付の文書に記された情報も織りまぜて説明していくことにする（*RH* vol. 7, pp. 574, 596-597）。

　ヒジャーズには農業も含めてこれといった産業がない。つまり「生産」が存在しないに等しい。したがって，食料や綿製品といった住民と巡礼者の必需品は輸入に頼らざるを得ず，他方，輸出できる物といえば，毎年のメッカ巡礼の時の犠牲祭の副産物としてできる羊と山羊の皮[2]ぐらいのものであった。表6-1の通り，輸入が輸出を圧倒的に上回っていた。

　輸入はすべて，巡礼者がこの地域にもたらした貨幣（大部分は正貨）によって支払われていた。このように，ジッダの人々は，メッカ，メディナの人々と同じく，その生計をすべて巡礼に頼っていたのである。1年間の収入を，すべて3カ月ほどの巡礼シーズンに得ていたのである。

　巡礼がジッダにもたらした貨幣が同地の人々の収入となる経路は，同地での消費にとどまらなかった。世界中からやってくる巡礼は，さまざまなコインをたずさえてこの町にやって来た。ほとんどは銀であった。町は日本，シンガポール，オランダ，マリア＝テレサ，チュニスの銀ドルとルピーであふれた。同地の両替商や商人は，これらを両替することによって少なからぬ利益を得ていた。そこに近代的銀行ができれば，彼らの利益が奪われることになる。

　同じイスラーム世界でも，たとえばエジプトやシリアでは古くからヨーロッ

パとの貿易が盛んで，銀行というものの提供するサーヴィスの価値が正しく認識されていたが，ヒジャーズにおいてはそうではなかった。

3　引き裂かれたアイデンティティーと「世界市民的金融」

　また，近代的銀行とは，当時の状況からすればそれは自動的に外国の，ヨーロッパ強国の，非ムスリムの銀行ということになるが，このヒジャーズの地において非ムスリムに対して，エジプトやシリアにおいてはさして感じられないファナティズムや拒絶が感じられるという (*RH* vol. 7, p. 596)。そして，外国の銀行といっても，帝国オスマン銀行の場合は複雑であった。

　同行はオスマン政府の特許状のもと，イギリス資本とフランス資本の合弁によって設立されたものであった（前身のオスマン銀行を改組；[岡野内] 76ページ）。すなわち，同行は，トルコの銀行でもあり，イギリスの銀行でもあり，フランスの銀行でもあったのである。大戦勃発が同行を協商側（イギリス，フランス）と同盟側（トルコ）にいわば引き裂いてしまうことになったであろうことは想像にかたくない。

　同行ジッダ代理店支配人代理であるアブー＝カースィム (Abucassem, Abu Qasim) は，同行をイギリスの保護下におくことを提案したとのことである。これに対して E. W. なる人物（役職等不明，p. 537 の Weakley か）は，そのようなことをしてもアラブ人たちの間でのイギリスの人気とメッカのシャリーフへの尊敬，信頼が高まるかどうか疑問であり，銀行を設立する場合は純粋にイギリスのものであるべきである，としている。そして，ジッダおよび紅海とインドとの貿易が大きな規模であることを考えれば，インドとのつながりのあるものが望ましく，そのような条件を満たす銀行として，チャータード銀行 (Chartered Bank of India)[3] を挙げ，さらに同行がアデンに支店を有していることを，さらなる理由として付け加えている。いずれにしても，シャリーフに相談することなしに事を進めてはいけない，と E. W. は締めくくっている (*RH* vol. 7, pp. 575-577)。

　貿易相手先としてインドが大きな位置を占めていたことは前掲の表に明らか

である。対インドに限らず,輸入の大部分は正貨で支払われた。その額は年間100万ポンド超にのぼった。ジッダは,世界中から銀を集め,それをインドやエジプトへと送るポンプの機能を果たしていたのであり,このことは,当時の銀不足という状況にあっては非常に大きな意味をもつものと認識されていたにちがいない。

さて,大戦によって同行が引き裂かれたのは,イギリスおよびフランスとトルコとのあいだにであったが,イギリスとフランスとのあいだにも裂け目はあった。同盟関係にあるとはいえ,別々の国家であるから利害が衝突することがあることは当然である。

イギリス側の懸念は,まず第1に,帝国オスマン銀行の支店がヒジャーズにできれば,フランス政府が,それを政治的・経済的利益の拡張のために利用するのではないか,ということであった。実際,フランスは,過去において同行をそのように利用したことがあった(バグダード鉄道への参加,トルコ借款,トルコ鉄道利権;*RH* vol. 7, pp. 597-598)。

第2に,これは第1の懸念に含めてよいかもしれないが,同行が,「望ましくない形態の世界市民的金融」を行なったこともあった,という点である(*RH* vol. 7, p. 600)。

4 帝国オスマン銀行の法的性格と新銀行設立案

このように,イギリスとしてはジッダに設立される銀行は,帝国オスマン銀行のような銀行ではなく,純粋にイギリスの銀行でなければならなかった。次のような点からもそうであった。

① ジッダの銀行はシャリーフと強い結びつきをもつことになるという点において政治的に非常に重要であること。
② 巡礼とつながる,すなわち世界中のムスリムとつながるという点。
③ 紅海におけるマンチェスター綿製品貿易の問題と通貨の問題である〔なお,この通貨の問題が具体的に何なのかは述べられていない〕。

(*RH* vol. 7, pp. 600-601；抄訳)

　帝国オスマン銀行は1913年3月，ジッダに支店を開設したが，大戦勃発とともに行員（1～2名を除き，シリアのキリスト教徒であった）のほとんどはトルコ軍に入隊することを余儀なくされ，このため，同行は引き続き開店はしていたものの，取引はまったく行なわれていないに等しかった（史料で確認できないが，おそらくこのことから代理店に格下げになったのであろう）。従って，上述の，「帝国オスマン銀行の支店がヒジャーズにできれば」とは，より正確には「再開されれば」ということである（実際，「再開」と記している史料もある；*RH* vol. 7, p. 603）。また，近代的銀行ができればジッダの住民は反発するのではないかという趣旨のことも上に記したが，帝国オスマン銀行は大戦勃発まで営業した実績があるではないか，との疑問が生じるかもしれない。しかし，わずか1～2年では実績とはいえないともいえようし，また，シャリーフ勢力によるジッダ占領が雰囲気を一変せしめたことも考慮に入れなければならないであろう。同行も行員たちも，「このような狂信的なマホメット教徒の国」において重大な狼狽と，そして危険にさえさらされることになるであろうことなどに鑑み，協商側のいずれかの国の保護下に同行は入るべきである，と同行ジッダ代理店支配人は同行ロンドン委員会（London Committee）に伝えている。

　なお，このジッダ代理店支配人は，このロンドン委員会への報告を，エジプトまで行って同行アレクサンドリア支店から伝えている（*RH* vol. 7, p. 588）。

　10月10日，同行アレクサンドリア支店支配人はマクマホンに，地域銀行（a Local Bank）を新たに設立するための交渉に入るためにジッダに行ってシャリーフと接触することの許可を求めた。その新銀行は帝国オスマン銀行の顧客を引き継ぐものであり，ヒジャーズの利益に専念するものであるという（*RH* vol. 7, p. 590）。

　同月17日付でイギリス外務省は，帝国オスマン銀行ジッダ支店をイギリスの保護下に置くことは，同地の状況から見て時機尚早であり，したがって奨励できない，との外相グレイの見解を帝国オスマン銀行会長に伝えた。これは同月5日付の帝国オスマン銀行会長からの伺いの書簡に答えたものであった（*RH*

第6章 アラブ国家形成の胎動とその資金的中核

vol. 7, p. 591)。

　イギリスの保護を得られない。他方，この地域がトルコ支配下にあった時には享受していたカピチュレーションをもはや享受できない。この，帝国オスマン銀行の被保護あるいは権利という点での法的空白。これに，トルコに取って代わったシャリーフ勢力はまだ国家とはいえない存在であるという法的あいまいさ，さらには，そこにおける唯一の法であるシャリーアに対する非ムスリムの不安が付け加わる。

　このような，帝国オスマン銀行をめぐる環境の法的問題とともに，上述の通り，帝国オスマン銀行自体が「引き裂かれている」，すなわち性格があいまいであり，あるいは利害が複雑であるという問題がある。

　さらには，同行が引き裂かれていると必ずしも明確に認識されていたわけではなかったことが問題をいっそう複雑にした。たとえば，11月9日付のイギリス外交文書（後述）によれば，シャリーフは同行をトルコの銀行と見ていた（RH vol. 7, p. 606）。また，アラブ局（Arab Bureau）の局長，コーンウォリス（K. Cornwallis）は，同行を，協商諸国の利害に大きく統制されてはいるもののトルコの銀行であるとしている（RH vol. 7, p. 594）。

　トルコの銀行であるということであれば，イギリスにとって敵国の銀行である。したがって，イギリスの保護が得られる前に，その法的地位を変えておく必要がある——ジッダ支店のみならず同行全体として。だが，イギリスの保護が少なくとも当面は得られないということであるから，新たな地域銀行をつくろうということになる。

　この帝国オスマン銀行アレクサンドリア支店支配人の新銀行設立案にコーンウォリスも，保護が得られないならばそれが望ましいと賛成している。コーンウォリスは次のように述べている。その銀行は帝国オスマン銀行の顧客を引き継ぎ，協商国の内の1カ国の名において登記されるので，同行の機関としての利益は守られる，と（RH vol. 7, p. 594）。

5　エジプト国民銀行ヒジャーズ進出案

　このような問題に加えて，経営体としての帝国オスマン銀行全体の問題がある。利潤を追求する営利企業の経営の問題である。すなわち，11月1日付のイギリス外交文書によれば，帝国オスマン銀行バスラ支店が同ジッダ代理店との間で業務を行なうことを許可してくれるようイギリス政府に願い出たのである。前述の通り，グレイは帝国オスマン銀行ジッダ支店をイギリスの保護下に置くことは奨励できないとした。これは，この11月1日付のイギリス外交文書では，「〔帝国〕オスマン銀行がジッダに支店を再開することは奨励できない」と言い換えられている。バスラ支店はこのことを知らずにこのような願い出をしたのであろうとグレイは思ったとのことである（RH vol. 7, p. 595）。

　バスラ支店が具体的にどのような業務上の理由でジッダ代理店（支店）との取引を望んだのかは明らかではないが，バスラにおけるイースタン銀行（Eastern Bank）との競争が関係していた可能性がある。「戦前のトルコ，戦中のメソポタミアにおける〔帝国〕オスマン銀行」に精通していたジョージ＝ロイド大尉（Captain George Lloyd）なる人物は「戦前，戦中のメソポタミアにおけるイースタン銀行が達成した成功」を指摘している（RH vol. 7, pp. 599-600）。

　この人物は，帝国オスマン銀行のヒジャーズ進出は「それ自身の名称においてであれ，他のいかなる名称においてであれ」反対であるとのことであった。フランスが同行を利用するのではないか（前述），そして「望ましくない形態の世界市民的金融」を行なうのではないか，というのがその理由である（RH vol. 7, p. 600）。つまり，名称が変わっても内実が変わらなければ同じこと，ということである。となると，10月10日に帝国オスマン銀行アレクサンドリア支店支配人がマクマホン宛の文書で設立に向けて交渉に入る許可を求め，コーンウォリスも条件付で賛成した地域銀行がいかなるものとして企図されていたかが確認されるべきであろうが，史料的制約上，明らかではない。

　いずれにしても，イギリスとしてはジッダ（ヒジャーズ）にできる銀行は「帝国オスマン銀行のような銀行ではなく，純粋にイギリスの銀行でなければ

第6章　アラブ国家形成の胎動とその資金的中核

ならなかった」ということは前述の通りである（RH vol. 7, p. 609にも）。なお，ロイドは，帝国オスマン銀行バスラ支店の業務や帳簿類を精査した上で上記の見解に確信を強めたとのことである（RH vol. 7, p. 600）。

　イギリス側のこのような懸念には根拠があった。11月9日付の「アミール＝アブドゥッラーが（電話で）口述した書簡の写し」なるイギリス外交文書がある。これは，ジッダ・メッカ間のフランスの外交通信を，文面から察するに，このアミール＝アブドゥッラー（Emir Abdulla, Amir 'Abdullah）なる人物がイギリスに漏らしたものである。

　この文書に，ジッダにおいて「ヒジャーズ独立銀行（The Independent Bank of Hejaz）」という名称のもとでただちに銀行を設立するようフランス（本国）政府に要請すべきであり，その銀行はフランス＝イギリス資本である，とある（RH vol. 7, p. 606）。

　これに対し，イギリスのウィルソン中佐（Colonel Wilson,；RH vol. 7, p. 605）はハルトゥームのウィンゲート将軍宛の文書で，フランス側がこの件をまだ自分に伝えてきていないことを考えれば，フランス側の真意は，フランス＝イギリス資本ではなく完全なフランス資本である，と見た。ウィルソン中佐も，ヒジャーズに新たに設立される銀行は純粋にイギリスの銀行であるべきであるとの意見であった。そして，そのような銀行として具体的にエジプト国民銀行（National Bank of Egypt, Bank al-Ahli al-Misri）の名を挙げている。支店はジッダとメッカに開設するのが望ましく，ジッダ支店支配人には為替業務に経験豊かな人物を充てるべきだとしている。ここで，この軍人が為替の重要性を認識していたことがはっきりと分かるという点に注目しておきたい。さらに彼は，同行はサワーキン（スアキン）に支店(4)があるので，ヒジャーズにおける同行支店はかなりの商業的価値を有することになろうし，また，政府の観点からも極めて有用となろうと述べている（RH vol. 7, p. 608）。

　サワーキンは，紅海沿岸のスーダンの港町である。また，ウィンゲート将軍はスーダンの総督にしてエジプト軍司令官であった。

　スーダンではエジプト国民銀行の支店がいくつか開設され，現地の人たちから「その価値を正当に評価されていた」という（RH vol. 7, p. 600）。

137

ウィルソンも，帝国オスマン銀行が支店を再開するならば行名を変更すべきであるが，それよりもむしろ，純粋にイギリスの銀行を設立すべきであるとの意見である。そして，彼は文書の末尾に，上記のフランスの外交通信を自分に伝えてくれたのはシャリーフの誠意の証拠である，と述べている（RH vol. 7, pp. 608-609）。これによって，アミール＝アブドゥッラーがシャリーフ側の人物であることが明らかとなる。おそらく，シャリーフの子息のアブドゥッラーのことであると見て間違いないであろう。

6　バンカーとシャリーフ

11月24日付でロイドがジッダからウィンゲートに宛てた文書にも帝国オスマン銀行問題あるいは新銀行設立問題についての興味深い情報が記されている。まず，同行が（開店はしているものの）営業していないことの理由の1つとして，ロイドは，シャリーフが同行を認知も支持もしていないことを挙げている。同行の，被保護あるいは権利という点での法的空白についてはすでに述べた。シャリーフ勢力がまだ国家とは言えない存在であったということも，そこで述べた。さらに，それより前，本章の初めのほうで，国家形成と銀行形成という問題の捉え方を提示した。このことをロイドは次のように，「シャリーフ政府のための銀行業者」という端的な表現で示している。

> 彼らはおそらくシャリーフ政府のための銀行業者の地位を獲得しようと，そして，この目的のためにシャリーフにフランスの銀行を指定させ認定させようと欲する。ブレモン（Bremond）[5]の通信において〔帝国〕オスマン銀行は，時にはフランスの会社と，時にはフランスとイギリスの会社と呼ばれている。だが，注目すべきは，彼が提案した新銀行が言及される時にはこの問題のイギリス的側面には何ら触れられない。　　　　　（RH vol. 7, p. 610）

この問題にイギリス側がいかに神経を使っていたかが分かる。さらに，これに続いて次のような興味深い記述が見られる。

ひとたびシャリーフの認定が得られるや，その銀行は新しい通貨の造幣の手はずをする主要な立場に位置することになるであろうし，彼らは当然のことながら，これを，フランスの貿易になじんでいる単位，すなわち十進法に相当するもので確立させようと試みるであろう。このことは，現在ルピー＝ベースが慣例となっている我々のインド貿易を助けることにはならないであろう。そのフランスの銀行はまた，これも当然のことながら，その銀行からカネを借りるようシャリーフに奨励するであろうし，また，歳入あるいは他の形態の国内財産を担保にとって，そのようにするための便宜を彼に与えるよう奨励するであろう。シャリーフは，初めのうちはフランスの銀行という考えを嫌うかもしれないが，最初に有利な条件で与えられる貸付の誘惑は大きく，容易に悪の道へと落ち込んでしまう。これは明らかに経済が政治に転化する瞬間の1つであり，そして，貿易の方法によって政治的な支配と影響力とが獲得されるかもしれない，そしてしばしば獲得される瞬間の1つである。

(*RH* vol. 7, pp. 610-611)

　後半は，借款供与を通じた帝国主義的進出という，当時世界各地で見られた，そして，今日，当時の帝国主義的進出を語る際にはごく一般的に指摘されるパターンである。同時代の「現場」の「末端」に居た，銀行業務にも通じた人物による簡潔にして本質を捉えた表現として印象深い。これに対して，前半の諸問題は，古典的帝国主義論よりはむしろ今日のグローバリゼーション関連で取り上げられることが多い論点といってよいであろう。経済言語あるいは通商言語とでもいうべき問題であり，この言語を変えるということは，これもまた「経済が政治に転化する瞬間」である。

　フランスは，この地域に通商的な利害関係をこれといって有していなかったので，従って，そのような地域で経済的な権益（この場合，銀行開設）を公然と求めることがむずかしいということは自ら認識していた。そこでフランスとしては，フランスが銀行を開設しに来るようシャリーフが招いてくれることを欲したのである。そうなればイギリスとしても何も文句は言えない（*RH* vol. 7, pp. 611-612）。

7　正金業務と海運会社

　このようなフランスのもくろみは，イギリスとしてはつぼみの内に摘み取っておかなければならない (RH vol. 7, p. 611)。イギリスにとって幸いなことに，シャリーフはフランスによる銀行開設を望んでいないので，イギリスもそのようなことは望んでいないと非公式にシャリーフの耳に入れればこの問題は片がつくであろう，とロイドは述べている。

　〔しかるのちに〕少し遅れることになるが，我々自身，事に取り掛かればよい。私が思うに，銀行設立の最良の方法は，この目的のためにゲラトリー゠ハンキー (Gellatly Hankeys) を使うことであろう。　　　(RH vol. 7, p. 612)

　ジッダ（ヒジャーズ）に開設すべき銀行として，これまで名前が挙がったチャータード銀行やエジプト国民銀行ではなく，ここで，銀行という語を社名（行名）に含まない業者名が出てきた。このゲラトリー゠ハンキー商会 (Gellatly Hankey & Co. Ltd.) は，ロイドが続けて述べているように，銀行ではない。

　彼らはすでに当地に居り，当地を知っている。もし彼らが自分たちのビジネスを銀行業の方向へと展開させることを奨励されるならば，彼らはそうするであろう，と私は思う。彼らはすでに正金業務（それは今日，なされるべき最も重要な金融業務である）に精通しており，他の形態の銀行業務に，もしそうするよう奨励されれば，取り掛かるであろう。彼らは，自らの現在の店舗において始められる銀行業務を，単なる業務展開との口実で別個の商会へと徐々に切り離していくことができるであろうし，さらに，彼ら自身の名で，あるいは新しい名で，まったく新しい商会を銀行として開くことができるであろう。　　　　　　　　　　　　　　　　(RH vol. 7, p. 612)

　「正金業務」と「他の形態の銀行業務」とが一まとまりになっていることか

第6章　アラブ国家形成の胎動とその資金的中核

らは，正金業務をも銀行業務であるとロイドは考えている，すなわち同社を銀行であると考えているとも解釈できるが，そのようなことはともかく，常識的な意味での銀行ではない，と文脈全体からは判断してよいであろう。このようなことを考える際，ここでいう「正金業務」が具体的に何のことなのか，がポイントとなるであろう。銀行ではない業者が行なう「正金業務」とは，おそらく，利益として実現した正金を「本国」等に物理的に移動させた，あるいは，貿易品目の1つとして正金を扱っていたということであろう。商社も広い意味で金融業者である。

　また，正金業務が最も重要な金融業務である，というのは，当時の世界的な銀不足や信用よりも正金が戦時においては重んじられるといった事情を反映するものであろう。当時，史料に残っていないものも含めて，平時には行なわれないような形での正金の現送が世界各地で行なわれていたものと推察される。

　実は，他の文献によれば，ゲラトリー＝ハンキー商会は自ら船舶を所有し，それらと他の会社の船舶とを使って定期海運事業を行なっていた。そして，同社の業務は単なる海運分野を大きく超えていた。たとえば，仲買業，保険業，貿易業，それに他の船舶所有者のための経営代理といった事業である。同社はイギリス＝インド蒸気船航行会社（British India Steam Navigation Company）の代理業者（managing agent）であった。また同社は，イギリス，オーストラリア，極東の三角形の航路で営業していたムガル蒸気船会社（Mogul Steamship Company）の経営代理業者でもあった（［Blake］pp. 68-81；［Carter］p. 28）。

8　シャリーフ国家形成の中核としてのイギリス資金

　ゲラトリー＝ハンキー商会は20世紀に入ると，今日中東と呼ばれる地域に深くかかわるようになる。すでに1880年代中頃，同社はサワーキンとジッダでビジネスを行なっていた。スーダンから紅海を越えてのメッカ巡礼の輸送を行なっていたのであり，そしておそらくはマフディー主義者に対するイギリスの軍事行動への補給も行なっていたものと思われる。ポート＝スーダン（1905年）とハルトゥーム（1911年）にも店舗を開設し，鉄道やダムの建設資材，石炭，

コークスといった，スーダンの「開発」のために必要なあらゆる商品を扱った。また同社は，エジプトからの綿花輸出の最大手の業者であったピール商会 (Peel & Co.) のために綿花の調達を行なった (Blake pp. 110-129; Carter p. 29)。

以上から，同社の正金業務がスーダンからのメッカ巡礼とつながりがあるのではないかとの推論が得られる。そう考えれば，前述のエジプト国民銀行ジッダ支店開設案についての箇所で，「同行はサワーキンに支店があるので，ヒジャーズにおける同行支店はかなりの商業的価値を有することになろう」と述べられている部分も整合的に理解できる。

また，ここで，エジプト，スーダンを含めた環紅海世界とでもいうべき地域の文脈において議論を進めていく必要性がかなり明確な形をとって眼前に姿を現したように思われる。

さらにロイドは構想を展開する。

シャリーフの業務を手中に収めるために，我々が彼への月々の助成金をゲラトリー＝ハンキーの「銀行」へと納めることができる。そうすれば，彼は小切手を振り出すことによって欲するところの金額を得ることができる。このようにして提供されたところの便宜と，自分のカネが海の近くでイギリスの手中に安全に収められるという安全とを彼が知れば，彼はおそらく，それを自分自身のために，そして自分の政府の基金のために益々利用するであろう。この基金と正金業務とは，その銀行を順調に発進せしめるであろうし，また，我々をして事態を十分に統御せしめるであろう。　　(*RH* vol. 7, p. 612-613)

イギリスがシャリーフ政府の国庫をつくるということが，ここに構想されている。そこではゲラトリー＝ハンキー商会が「政府の銀行」として国家の，あるいは国家形成の資金的中核としてのイギリス資金の金庫をなすものとされているのである。

最後にロイドは，今すぐなすべきことは，シャリーフをしてフランスの提案を拒否せしめることであり，そうすれば上述の構想を検討する時間的余裕ができるであろうと述べ，議論を締めくくっている (*RH* vol. 7, p. 613)。

第6章　アラブ国家形成の胎動とその資金的中核

注
(1) この文書は「主題」の欄を含めて全部で4ページから成っている。2ページ目の途中から4ページ目の途中まではタイプ打ちである。2ページ目からは欄の枠などは記されていないが，この4ページの最後まで「覚え書き」の欄であると考えてよいのであろう。
(2) メッカ巡礼の最終日，巡礼者は羊や山羊を供犠する。
(3) Chartered Bank of India, Australia, and China のことであろう。本書では，同行の名称を，本邦における先行研究（たとえば，[石井]）に従って「チャータード銀行」と表記することにする。
(4) 同行の行史によれば支店ではなく代理店で，1903年に開設され1926年に閉鎖されている（[National Bank of Egypt] p. 22）。
(5) 引用文中のブレモンなる人物は，1916年のメッカ巡礼の際にマグリブおよびフランス領西アフリカのムスリム代表団とともにヒジャーズを訪れたフランス軍事代表団を率いた人物と同一人物であると見てよいであろう（[板垣] 233～234ページ）。
(6) マフディー主義者とは，1881年にマフディー（救世主，メシア）を名乗る人物が率いた蜂起に端を発したマフディー運動を担った勢力である。マフディー運動はマフディー国家成立（1885年）に結実し，さらにはイギリス占領下のエジプトの「解放」を試みる（1889年）までに至るが，結局，1898年，イギリス軍の進攻により滅亡する。

第7章

ヒジャーズ国立銀行設立問題

1 ジッダ支店の引き継ぎ

　前章で検討したヒジャーズにおける銀行開設の問題はその後どうなったのであろうか。前章ではロイドがゲラトリー＝ハンキー商会の新銀行を推薦しているところで終わっていたが，1917年2月8日付のエジプト高等弁務官ウィンゲート（Resinald Wingate）の本国外務省宛の暗号電報では，ジッダで銀行業務を行なう業者として，アデンのコワスジ＝ディンショー（Mess.〔sic.〕Cowasji, Dinshaw）という業者の名が挙げられている。その理由を，ウィンゲートは次のように述べている。

　　思うに，彼らはイギリスおよびインドの利益と調和して行動することが期待
　　できるし，彼らは紅海交易と広範なつながりを有しており，そして，彼らは
　　ヒジャーズへと，ヨーロッパの企業としてよりもむしろ地元の企業として入
　　っていけるという更なる利点を有している。　　　（*RH* vol. 7, p. 615）

　加えて，同社が銀行ではないという点が重要である。これはフランスのジッダ進出を阻止することと関係していた。つまり，貿易会社という「見え透いた偽装」によって足場を確保し，しかるのちにシャリーフをして，当面，いかなる銀行業務をも拒否せしめるという策であった。
　念のために述べれば，イギリス側としては，純粋にイギリスの銀行を設立するということをあきらめたわけではなかった。フランスが引き下がればそれが

145

実現すると踏んでいた。具体的には前章で述べたようにインド国民銀行やイースタン銀行である（エジプト国民銀行の名は，なぜかこの頃の史料にはみあたらない）。インド国民銀行は巡礼や貿易といった点で，アデン，東アフリカともつながりがあった。巡礼と金融についても前章で詳しく述べた。

3月10日付のイギリス外務省からウィンゲート宛の暗号電信に次のような照会がなされている（*RH* vol. 7, p. 617）。

ジッダですでに地歩を確立し，必要ならば翌シーズンの巡礼の金融業務を行なうことができるイギリスあるいはインドの企業があるか。

(*RH* vol. 7, p. 619)

これに対してウィンゲートは次のように答えている。

ジッダに〔帝国〕オスマン銀行が設立されるまで，同地における事実上すべての銀行業務はゲラトリー＝ハンキー商会によってなされた。巡礼の金融業務も同様であり，私は翌シーズンはこれについて，彼ら〔ゲラトリー＝ハンキー商会〕を強く推薦するものである。彼らは必要な帳簿類をすべて有している。

(*RH* vol. 7, p. 622)

ゲラトリー＝ハンキー商会の芽もまだなくなっていたわけではなかったのである。

この帝国オスマン銀行の問題は，イギリス外相バルフォア（Arthur James Balfour）も「この上なく重要」であるとしている。同外相はこの問題を，ロンドンでロイドに伝え，ロイドはこの旨，ウィンゲートに伝えた。単なる局地的問題ではないということがこのことからも分かる（*RH* vol. 7, p. 620）。

結局，帝国オスマン銀行ジッダ支店は閉鎖されることになった。そして同行取締役会は，ゲラトリー＝ハンキー商会ロンドン本部とのあいだで，同社が同行ジッダ支店の資産を引き継ぐことができるか検討する，との取り決めを結んだ。

第 7 章　ヒジャーズ国立銀行設立問題

　4月9日，同行ジッダ代理店支配人代理アブー＝カースィムはシャリーフ自身から同行の存在をさしあたりは望まない，と明白に伝えられた。その際，アブー＝カースィムは，債権回収をシャリーフ政府が助けてくれるよう要請したが，シャリーフの答えは，それら債務は民間企業のものであるから宗教法廷に告訴するのが唯一の方法であるというものであった。

　4月26日には帝国オスマン銀行カイロ代理店支配人マクローリン（MacLoughlin）がシャリーフの代理人より，ジッダ支店の営業の継続を認めることができない旨，口頭で知らされた。このことは，アレクサンドリア支店支配人を経由してロンドンの理事会へと伝えられた。これに対し理事会は，理事会がゲラトリー＝ハンキー商会による引き継ぎの手はずを整えるよう同社と調整した旨，アレクサンドリア支店支配人に返答した（RH vol. 7, pp. 624-625）。

2　ロイズ銀行，エジプト高等弁務官，ヒジャーズ国立銀行

　この頃から，構想されていた新銀行が，史料で国立銀行（State Bank）という名称でよばれるようになる。6月9日，エジプト高等弁務官のウィンゲートは本国外務省のグラハム（Ronald Graham）に，「私は今，国立銀行の問題を明確に持ち出すのかどうか，そしてそれをいつ，どのように行なうのかについて外務省の指示を待っているところです」と述べた（RH vol. 7, p. 631）。ちなみに，この3カ月前から，シャリーフが英語史料で「王（King）」と表現されるようになる（RH vol. 7, pp. 619, 624）。

　この6月9日付の文書には，5月21日付でゲラトリー＝ハンキー商会のジッダ代理人からアラブ局経由で同社のロンドン本部宛に発信された文書（のおそらく写し）が同封されている。「極秘」と記されたこの4ページにおよぶ文書の本文は，次のパラグラフから始まっている。

　我々は，我々が昨日，下院議員である（ロイズ銀行の）ロイド大尉──我々の理解では，彼は〔エジプト〕高等弁務官によって，ヒジャーズに国立銀行を創設する仕事を課せられている──と会見したことをここにつつしんで申

147

し上げる次第である。　　　　　　　　　　(*RH* vol. 7, p. 632)

　ここで，前章からたびたび登場してきているロイドなる軍人を，のちにエジプト高等弁務官や植民相を歴任することになる，銀行ファミリーの一員のロイド (George Ambrose Lloyd) と同定するに至った (*DNB* , pp. 512-514)。

3　ヒジャーズ国立銀行創設

　冒頭にパラグラフのつづきには，同社が長年ジッダでビジネスをしているという点に鑑み，同社にヒジャーズ国立銀行創設の優先権が与えられることが記されている。そして，もし同社がこの優先権を行使するならば，同社は現在の店舗とは別個の店舗を同行店舗として開設し，別個の経営のもとでの別個の企業とすべきであるが，それはそれとして，同社と同行はきわめて緊密に協調すべきものとされる，ということも述べられている (*RH* vol. 7, p. 632)。

　次に発信者は，宛先である同社ロンドン本部に対し，この問題の4つの判断材料を提示している。

① あなた方〔ロンドン本部〕がしなければ，他の者がこれを行なうことになり，我々の既存のビジネスの大きな競争相手となってしまう。
② 同行を創設する者はイギリス政府の強い支持を得られる。したがって，イギリス・アラブ両政府間の関係を考えれば，戦後，アラブ政府関係の商業はすべて同行を経由することとなる。
③ 同行創設者は人口20万人の新国家の銀行業務の独占を与えられ，この銀行業務はイギリス政府指導下のアラブ政府によって，ほぼ疑いなく助長される。　　　　　　　　　　　　　　　　(*RH* vol. 7, p. 633；抄訳)

4点目は逐語訳することにしよう。

　ヒジャーズ〔国立〕銀行は，巡礼関連業務の金融的側面をあつかうことにつ

第**7**章　ヒジャーズ国立銀行設立問題

いての，イギリス政府あるいはインド政庁の媒介となることがほぼ確実である。戦後，巡礼制度を改善する試みがなされるのは確実も同然である。そして，いずれにしても，ヒジャーズ国立銀行の設立が，現在の金融制度に完全な革命をもたらすかもしれないことを，そして，インド・ヒジャーズ間の――他の諸国はもちろんのこと――金貨の絶え間ない流通が完全に廃されるかもしれないことを，まったくありそうなことだと我々は考える。

(*RH* vol. 7, p. 633)

金貨云々は重要な論点であろうと推察されるが，詳細は不明である。

さらに発信者は，「どのような対応をするかは，もちろん，あなたがた〔ロンドン本部〕が決めることであるが」と断りつつ，この問題についての自らの見解を述べている。概要は以下の通り（*RH* vol. 7, pp. 633-634）。

① 断った場合の不利益はゆゆしきものであるので，リスクを取って申し出を受けるべきである。ヒジャーズ国立銀行創設後4～5年間，他の銀行は開設を許されないであろうし，たとえその期間が過ぎて開設を許されても，支持は得られないであろう。

② インドの銀行と手を結んで共同でヒジャーズ国立銀行をつくってはどうか。もちろん，インドの銀行に打診する前に，外務省あるいは他の監督官庁の許可を得なければならないが。我々がインドの銀行を勧めるのは，この国（this country）の貿易の大部分はインドとのものであるからである。インドの銀行のインド内外での支店が多ければ多いほど，ヒジャーズ国立銀行の業務にとって好都合である。いずれにせよ，その銀行はイギリス企業でなければならず，したがって帝国オスマン銀行は完全に考慮の対象から除外される。インドの銀行がだめであった場合は，我々はエジプト国民銀行を勧める。

③ ロイド大尉を通じて推察するところによれば，ヒジャーズ国立銀行はイギリス政府から，助成金を与えられることはおそらくないものの，きわめて精力的な支持を得られる。

④　ヨーロッパ人スタッフのことを心配しておられるのであろうが、これもロイド大尉によれば、必要ならばイギリス政府は、あなたがた（ゲラトリー＝ハンキー商会）の現在のスタッフ何名かを兵役から解くということである（イギリスの銀行が帝国オスマン銀行に取って代わったメソポタミアで、最近このことが行なわれた）。現地人スタッフについても、イギリス政府がエジプトあるいはインドから集めることを助ける。

⑤　ヒジャーズ国立銀行は、やがては活動を広げ、メッカとメディナに支店を開設することになるかもしれない。　　（RH vol. 7, pp. 634-635；抄訳）

以上が、ゲラトリー＝ハンキー商会ジッダ代理店から同ロンドン本部に宛てられた文書の概要であるが、これを読んだロイドの反応が史料として残っている。それは、6月6日付のエジプト高等弁務官宛の書簡である。この書簡でロイドは、同社の文書を、ジッダでの自分と同社代理店とのやりとりをおおむね正確に描いているとしつつも、下記の2点について注意を喚起している（RH vol. 7, p. 638）。

①　自分は「ヒジャーズ国立銀行を創設する」仕事を、決してエジプト高等弁務官から課せられてはいなかったという点。

②　同社がヒジャーズ国立銀行創設を行なうかどうかの判断材料4点についてである。これらは自分が言ったことそのものではなく、それから同社ジッダ支配人が推論したものだ、というのである。

（RH vol. 7, p. 638；抄訳）

このようにロイドは誤解が生じないよう念を入れている。さらに同書簡でロイドは、インドとの金融的つながりの点で提携すべき相手として、ボールトン商会（Boulton Brothers）とアライアンス銀行（Alliance Bank）という具体的な固有名詞を挙げている。

最後にロイドは、ゲラトリー＝ハンキー商会は完全にイギリスの企業であり、長年ジッダにおいてイギリスの貿易を行なってきたのだから、同社に新規ビジ

ネスのチャンスを与えるべきだ，と述べている（RH vol. 7, p. 638）。

4　帝国オスマン銀行ジッダ支店清算

　さて，第1節で述べたゲラトリー゠ハンキー商会による帝国オスマン銀行ジッダ支店の引き継ぎの問題であるが，これは，これまでの議論から分かるように，ヒジャーズ国立銀行設立問題と密接に関係している。ゲラトリー゠ハンキー商会ジッダ代理店は1917年6月1日付の同社ロンドン本部に宛てた通信で，次のように述べている（RH vol. 7, p. 646）。

　もしあなたがた〔ロンドン本部〕がこのこと〔ヒジャーズ国立銀行設立の申し出〕を取り上げるならば，我々はジッダの帝国オスマン銀行の過去あるいは未来のビジネスといかなるつながりももたないことが明らかに望ましいであろう。
　　　　　　　　　　　　　　　　　　　　　　　　　（RH vol. 7, p. 647）

　このため，ゲラトリー゠ハンキー商会による帝国オスマン銀行ジッダ店引き継ぎは，清算人という法的立場でなされなければならなかった。同社はすでに，アラブ政府から，引き継ぎの承認を得ていた。また，同社ジッダ代理店支配人は，当時ジッダを訪れていたロイドに対して，この引き継ぎの問題についてはロイドおよびイギリス政府の意向に完全に沿うつもりである，と述べた。
　帝国オスマン銀行ジッダ支店支配人は，引き継ぎをただちに行なうよう，毎日のように同社に迫ったという。これは，同社ジッダ代理店支配人の理解によれば，シャリーフのジッダ代理人への同行の債権回収の件が頭にあってのことであった。前述の，債権回収への助力要請とそれに対するシャリーフ側の反応の背景にはこのような事情があったのである。この種の問題は自分たちにとって何の利益ももたらさないであろうとゲラトリー゠ハンキー商会ジッダ代理店支配人は述べている。いずれにしても，この点を含めて同社は帝国オスマン銀行とのつながりをたっておきたかったわけであるが，他方では，「帝国オスマン銀行が同地で代表される（be represented）ならば，その代表は，他者の手中に

あるよりは我々〔ゲラトリー＝ハンキー商会〕の手中にあるほうが，おそらくよい」という考えもあった。断絶しつつ継承するという問題のむずかしさである。前述の，同社による同行の清算というのがその答えである。すなわち，この通信の末尾の一文を借りれば，「帝国オスマン銀行は同地においては決して代表されてはならない」というのが，ゲラトリー＝ハンキー商会ジッダ代理店支配人の，そして広くはイギリス側全体の考えであった (RH vol. 7, pp. 646-647)。

5　ヒジャーズ国立銀行設立計画の立ち消え

　だが結局，このヒジャーズ国立銀行設立問題は立ち消えになってしまう。前述の，ロイドが自分がそのようなつもりで言ったのではないという趣旨の言葉に，すでにこのことの可能性を看取することができたと言えようが，7月12日付の外務省からゲラトリー＝ハンキー商会に宛てた文書には，このことがかなり明確にあらわれている。
　同文書で外務省は，このロイドの言葉を記すなどした上で，最後の段落で次のように自らの意思を明らかにしている。

　　あなたがたが理解するであろうように，状況は，対処するに細心の注意を要するものであり，したがって，貴社がすでに貴社に提示された取り決め――すなわち，貴社は将来のありうべき展開をにらんで既定の路線に沿って事業を展開すべきである，というもの――を超えたことをすることは得策ではなかろう。実のところバルフォア氏は，状況がより明確になるまでは貴社は新規の事業にはいかなるものであれ乗り出すのは思慮のないことであり，そのような文脈で，他の企業あるいは銀行と交渉を始めるのは避けるべきである，と感じている。　　　　　　　　　　　　(RH vol. 7, pp. 653-654)

　ヒジャーズ国立銀行設立問題がここに来てこのように立ち消えの方向に向かうのは，当時，サイクス＝ピコ協定の改定という懸案があって，これが解決しない限りはそれ以外の問題を前に進めることができないという事情のゆえであ

った (*RH* vol. 7, p. 650)。

6　金輸出入の集中とエジプト国民銀行

7月29日，アラブ政府は次のような布告を発した。

スターリングであれオスマン゠リラであれナポレオンであれ，いかなる金貨もこの国から流出するのを許さないということが必要であるので，あなた〔ジッダのカーイムマカームという職の高官〕は税関長に次のように通知すべきである。すなわち，金貨の輸出は少額であれ多額であれ完全に禁止されており，そして，商人たちの便宜のために，我々はゲラトリー゠ハンキー商会に，商人——それがいかなる者であれ——が送ることを希望する金貨の全額を受け取り，希望する場所へと送られるであろう小切手を受け取るよう命じた，と。
すべての小切手はこの地方政府〔ジッダの当局〕によって保証される。
　　　　　　　　　　　　　　　　　　　　　　　(*RH* vol. 7, p. 649)

この金の問題については，その2日後の31日付のゲラトリー゠ハンキー商会ジッダ代理人から同社ロンドン本部宛の通信に，より具体的な情報が記されている。すなわち，同社ジッダ代理店はアラブ政府と次のような取り決めを結んだというのである。

① 　ゲラトリー゠ハンキー商会ジッダ代理店が，カイロのエジプト国民銀行宛の為替手形（draft）を，当地〔ジッダ〕で商人たちに発行する。これは，当地における，彼らの我々への金での支払いを見返りとするものであり，2分の1パーセントの手数料が課せられる。
② 　我々は，このようにして徴収した金をイギリスの代理人の手にゆだねる。
③ 　イギリスの代理人はカイロのアラブ局の仲介によってエジプト国民銀行に返済する。

④　2分の1パーセントの手数料は，最終的には我々と同行とのあいだで分配されなければならないであろうが，この点はまだ完全には決着していない。　　　　　　　　　　　　　　　　　　　　　(*RH* vol. 7, p. 651)

　このようなメカニズムであった。そして，ここでは記されていないが，ヒジャーズでゲラトリー＝ハンキー商会から金を代価として為替手形を受け取った商人は，それを貿易決済か何かのためにエジプトの商人へと送り，エジプトの商人はそれをエジプト国民銀行に呈示し金を得る，ということであろう。これで話は完結する。
　要するにジッダでのカイロ宛の金建の送金為替の取り扱いをゲラトリー＝ハンキー商会に集中させたわけである。
　同社は「この業務を取り扱うことについてのアラブ政府のエージェントに公式に指定された」とこの史料に明記されていることを付け加えておこう。
　そして，同社がスーダンの諸港，マッサワ，アデン，インドについても同様の取り決めを結ぼうとしていた。インドについては，上述のエジプトのケースでカイロのエジプト国民銀行が占めていた位置をムンバイ（ボンベイ）のインド国民銀行（National Bank of India）に占めさせようとゲラトリー＝ハンキー商会ジッダ代理店は考えていた。同行に金を返済するのはインド政庁とされた。このためには，エジプトのアラブ局とインド政庁とのあいだの交渉が必要であった。為替の問題も考えなければならなかった（*RH* vol. 7, pp. 651-652）。

7　金銀の不足

　このような金の問題が一方にあって，他方では前章で述べたように，巡礼が世界中から銀を携えてヒジャーズにやって来て，それが輸入代金としてインドやエジプトへと流れ出たという状況があった。このヒジャーズにおける金の問題と銀の問題を1つの文脈の中でどのように理解すべきか（「金の問題と銀の問題」から「金銀の問題」へ）。次にこれをさぐっていくことにしよう。
　時間を7カ月ほどさかのぼった同年1月29日付の『アラブ＝ブレティン

第**7**章　ヒジャーズ国立銀行設立問題

(Arab Bulletin)』にそくして検討していくことにする。まず，冒頭に次のようなことが書かれている。

　あらゆる事柄から判断して，ヒジャーズにおける為替は驚くほど安定しており，したがって，通貨の状態はペルシャあるいはメソポタミアのそれとよく似ていた。ヒジャーズの「公認の通貨（recognized currency）」はもちろんトルコの通貨（トルコ＝リラと金ピアストルと銀ピアストル）である。まぎらわしいのは，金ピアストルと銀ピアストルの違いについてである。金ピアストルと銀ピアストルという別々のコインがあるのかというと，そうではない。金ピアストルなる語は標準価値をあらわすために使われ，それに対して銀ピアストルは現地の金融業者が市場相場で値をつけたピアストルのことである（AB vol. 2, p. 42）。

　この『アラブ＝ブレティン』の記述だけでは分かりにくいので，研究書をひもといてみると，どうやら，金ピアストルのみならず，銀ピアストルなる名称のコインも存在しなかったようである。

　1881年1月6日の布告で1リラ（金貨）イーコール100金ピアストル（トルコ語でクルシュ＝サー，クルシュはピアストルのこと，サーは「健康な」の意）と定められた。主要な銀貨はメジーディーイェというコインであった。メジーディーイェは，もともとは20クルシュ＝サーと等価とするよう意図されていたのだが，銀が減価したため，19クルシュ＝サーに公式に定められた。だが，銀貨の質の低下などのため，市場価値が低落し，クルシュ＝チュリュック（チュリュックとは「腐った，不健康な」の意）なる新たな非公式の単位があらわれた。

　このようにしてオスマン帝国には金と銀（サーとチュリュック）という2つのピアストルが存在することとなった。後者はさらに3種類に分かれる。第1に，19分の1メジーディーイェに，すなわち，約105分の1リラに相当する法定のもの，第2に，小売取引（主にイスタンブルの）に使われる慣習的なもの（108分の1リラ），そして第3に，場所，需給，取引の種類によって異なるものである（［Issawi 1980］pp. 328-329；［Issawi 1988］p. 408）。

　上記の『アラブ＝ブレティン』中の「現地の金融業者が市場価値で値をつけた」銀ピアストルとは，この第3のもののことであろう。『アラブ＝ブレティン』に戻ろう。各通貨間の交換比率が記されている。

155

1 ナポレオン＝90金ピアストル
1 トルコ＝リラ＝108金ピアストル
1 ソヴリン＝120金ピアストル
1 ルピー＝8金ピアストル　　　　　　　　　　　　(*AB* vol. 2, p. 42)

　ここで，ナポレオンはフランスの，ソヴリンはイギリスの金貨である（[Issawi 1980] p. 328）。
　1リラ＝108金ピアストルは上述の研究書の教えるところ（[Issawi 1988] p. 408）と矛盾するが，なぜなのかは分からない。
　史料のつづきの部分では，ヒジャーズにおいて必要とされている金貨も銀貨も現在不足しているということが述べられ，その理由が次のように説明されている（*AB* vol. 2, p. 42）。

　この通貨の不足は，〔ヒジャーズの〕通貨市場が通貨の源泉たるトルコからほぼ完全に切り離されているためである。銀輸入については完全に，金輸入についてはほぼ完全に。というのは，一定のトルコの金が，アラブ諸部族への賄賂としていまだに輸入されているからである。一見したところでは，アラブ反乱の勃発時と同じほどの金貨と銀貨がこの国に存在するにちがいないように思われるかもしれないが，事実はそうではない。というのは，普段よりも多くの金が，たしかにこの国から流出していったからである。通常の時期においては，この国の主な収入は，毎年の巡礼からのものである。巡礼期間中，多額のさまざまな――主にインドの――コインがこの国に堆積していく。これらのコインはインドなどへと再輸出され，毎年のこの国の輸入の支払いとなる。だが，開戦以来巡礼が行なわれなくなった結果，この国はこの収入を奪われ，金が，住民が必要とする物への支払いのために輸出されなければならなかった。これらの必要物すなわち外国からの輸入品は，より少ない量でではあったが，〔紅海〕海岸を通じて，あるいはペルシャ湾やナジュドを通じて得られつづけている。後者については，もちろん，記録はまったく存在しない。　　　　　　　　　　　　　　　　　　　　(*AB* vol. 2, p. 43)

通貨不足の要因としては，これ以外に，退蔵を挙げることができる。これは東洋においては一般的な習慣で，軍事的・政治的大変動の際に増える（AB vol. 2, p. 43）。

8　ヒジャーズへのイギリス，フランスの金の注入

以上を整理すれば，ヒジャーズの通貨不足の原因は次の3点ということになる。

第1に，通貨（トルコ通貨と限定してよいであろう）の源泉たるトルコから切り離されたこと。第2に，戦争のため巡礼が行なわれなくなり，したがってこの国にコイン（正貨）がもたらされなくなったこと。それゆえ，輸入をファイナンスできなくなり，金が流出していったこと。第3に退蔵。

第2点の内容の大部分はすでに前章で述べたが，そこでは金よりも銀が論旨において圧倒的に大きな比重を占めていた。それに対して，ここでは金が前面に出ている。このちがいは何か。上記史料のつづきの部分が，この疑問に対する全面的とまでは言わないまでも，少なくとも部分的な説明となっているように思われる。

　　この点に関しては次の点を述べるだけでよいであろう。すなわち，イギリスの金の輸入——それはここ12カ月間定期的に行なわれていた——は，増大した金輸出あるいは北部からの金供給の不足を埋め合わせていない。
　　　　　　　　　　　　　　　　　　　　　　　　　（AB vol. 2, p. 43）

このように，イギリスによる自国金貨のヒジャーズへの注入という要素がこの問題に新たに加わった。なぜイギリスがそうしたかについては記されていないが，上述の金貨輸出禁止やゲラトリー＝ハンキー商会への金貨流出入の集中となんらかの関係があろうと推察される。続きを見ることにしよう。

現在，ソヴリンの価値は内陸部では下落し，ジッダとメッカでは上昇してい

る。ソヴリンが人の手を渡っていく個々のケースで10ピアストルと交換されるということが起こりうるが，そのようなケースはいかなる真の交換価値も表すものではない。なぜならば，それは孤立した取引に過ぎないからである。だが，入手可能な情報によれば，ソヴリンの価値は120ピアストルから70あるいは80ピアストルへと下落している。それ自体，少なからぬ下落である。他方，町々においては1ソヴリンに対して140ピアストルが支払われなければならない。これは，金を基準として20ピアストルの増価である。

この事態の説明はかなり明白である。すなわちそれは，トルコの銀の不足，政治的諸問題，そしてまた輸送上の諸問題ゆえに，諸部族へのすべての支払が金で為されることを余儀なくされた，ということである。

(AB vol. 2, p. 43)

イギリスによるヒジャーズへの自国金貨の注入は，部族に対するものであった。そして，この地理的偏りが，都市部と部族居住地域での交換比率の違いに明確に反映していたのである。

それゆえ，諸部族の手中にはいつもより多くの金があり，諸都市には，より少ない金がある。そして，北部国境からより多くの銀を得ることができないゆえに，金は永続的に諸部族の手中に保たれる。また，諸部族は，銀に相当するものを得ようとはさほどしないし，得る必要もない。というのは，彼らも，彼らの家族も，イギリスによってジッダ，ラービグ，ヤンブーへと輸入され，シャリーフの子息たちや彼らの役人たちによって部族民たちへと分配される食料によって養われているからである。 (AB vol. 2, pp. 43-44)

このように，せっかく金を注入しても諸部族の手元に滞留してしまう。それではどうするか。次のような策が示されている。

明らかに望ましいのは，銀のより自由な移動のための便宜が存在することであり，それのみならず，銀が暫時，金の代わりに輸入されることである。

第7章　ヒジャーズ国立銀行設立問題

(*AB* vol. 2, p. 44)

　この旨の提案がシャリーフに対して一度ならず為されたが，シャリーフは受け入れなかったという。だが，あと1～2カ月して軍事的緊張がゆるめばシャリーフはこれを受け入れるであろう，との観測で本史料は閉じられている。なお，本史料の末尾に「G. L.」とあるので，著者はロイドであろう (*AB* vol. 2, p. 44)[2]。

　貨幣不足は4月ごろになってもほとんど改善しなかった。食料もそうであり，エジプトにおいてさえ節約しなければならなかった。金はますます希少になってきている。北部諸部族へとばら撒かれた10万ポンドは底をつきつつあった (*AB* vol. 2, p. 163)[3]。

　8月頃，フランスは「ヒジャーズ国王 (Roi du Hedjaz)」に97万5000フランの金を送り届けることを決定した。フランスの大銀行クレディ＝リヨネ (Crédit Lyonnais) のカイロ支店が，この額の金をフランス政府の自由な使用に供することに同意した。だが，金のエジプトからの輸出は，イギリス政府の許可がなければ行なえない。フランスはイギリスに打診した。これに対して，イギリス外務省はエジプト高等弁務官のウィンゲートに，この件に関して異議があるかどうか尋ねた。ウィンゲートは，エジプト政府にも同地のイギリス当局にも，今のところはクレディ＝リヨネからの接触はないが，金輸出を許可するであろう，と答えた (*RH* vol. 7, pp. 552-554)。

　イギリスとしては，この件はシャリーフへのフランスの影響力を増すというマイナス面があったものの，ヒジャーズにおける金不足を解消あるいは緩和というプラス面のほうが大きいと判断したのであろう。

注
(1)　すぐあとに出てくるように，「支店」ではなく「代理店」となっている場合もある。同一のものを指すと思われるが，本章では，「支店」という表現を基本的に採ることにしつつも，「代理店」という表現が史料で使われている箇所を引用したり要約したりする場合には「代理店」と表すこととする。

（2） なお，この文書（*AB* vol. 2, pp. 42-44）は *RH* にも収録されている（*RH* vol. 7, pp. 547-548）。

（3） *AB* vol. 2, pp. 161-163も *RH* にも収録されている（*RH* vol. 7, pp. 549-551）。

終　章
大戦の終結と中東の生成

1　三月革命とイランにおける力の空白

　1917年のロシアの三月革命は，容易に推察されるようにイランにも大きなインパクトを与えた。
　ロシア軍はイランから撤退し，このため，民主党急進派は，もはやロシアを恐れる必要はなく，この国に望み通り秩序をもたらすことができるとの希望を抱いた。だが，さほど時を経ずしてトルコがアゼルバイジャンに侵入し，タブリーズを占領し，ガズヴィーンへと前進しはじめた。彼らの進撃が続けば，イランのみならず中央アジアやアフガニスタンも彼らの視野に入ってくることになる。この点で，中央アジアにおいてドイツ人とオーストリア人の捕虜数千名が自由の身であることは同盟側にとって好材料であった（*IPD* vol. 5, p. 807; *PGHS* vol. 1, p. 22）。
　2月にイギリスは，バクーにおける味方の分子と接触するために小さなグループをアンザリーへと派遣したが，ジャンギャリーの敵対によってハマダーンに引き返すことを余儀なくされた。ジャンギャリーはトルコおよびボルシェヴィキと密接な関係にあった。
　北イランからのロシア軍の消失は，この地域を同盟側の攻撃にさらすことになるので，この空白をロシア以外の協商国が埋める必要があった。3月にはボルシェヴィキの外交使節がテヘラーンに到着し，同じ頃，ジャンギャリーがラシュト駐在イギリス副領事をかどわかした。テヘラーンにおいても北部全域にわたっても反イギリスの熱狂が目立っていた。モストウフィヨルママーレク内

閣は弱体で，この国民的熱狂をしずめる能力も意欲もなかった。

この間，ジャンギャリーがより大胆になり，マンジールおよびガズヴィーンへと進撃しつつあったが，彼らを阻止する武力が存在しなかった。そこで，トルコあるいはジャンギャリーが首都を侵略することを未然に防ぐため，イギリス軍をメソポタミア境界地方からケルマーンシャーおよびハマダーン経由でガズヴィーンへと前進させることになった。この諸部隊はガズヴィーンの北方でジャンギャリーを打ち負かしたのち，ビチャラコフ大佐（Colonel Bicharakof）指揮下のロシアの遊撃旅団とともにラシュトとアンザリーを占領した。ここに，バグダードとカスピ海とが連絡することとなった（IPD vol. 5, p. 807）。

2　反イギリス感情の高揚と南イランの危機

だが，この間も，トルコがタブリーズからガズヴィーン方面へと前進しつつあった。モストウフィヨルママーレク内閣が数カ月のよろよろとした足どりでの歩みののち5月に倒れ，サムサーモッサルタネ内閣がこれに代わった。南イランにおいて，そして中部でも，反イギリス感情が非常に高揚しつつあった。ロシアは今やイランの友人ソヴィエトとなり，帝政ロシアへのイランの伝統的敵意がそのままイギリスへと対象を移した格好であった。特に南ペルシャ＝ライフル隊が攻撃の対象となった。ガシュガーイ一族が同部隊に公然と宣戦布告した。南ペルシャ＝ライフル隊のみならず，インドから派遣されたイギリス軍も諸部族によって攻撃された。背後で内務大臣が糸を引いていた（IPD vol. 5, p. 807; PGHS vol. 1, p. 22）。

夏のあいだ中，南イランにおける状況は極めて危機的であった。これは，南ペルシャ＝ライフル隊の兵卒が，将校に対して反乱を起こすよう扇動されたためであった。もし南イランにイギリス部隊が存在しなかったら南部全域が流血の巷と化していたかもしれない。

前の2つの内閣が大きな無力を示したとすれば，サムサーモッサルタネ内閣はイギリスに対する大きな敵意を示した。その閣僚は，南ペルシャ＝ライフル隊の反乱分子と緊密な関係にあり，それはエスファハーン地方を恐怖に陥れた

ジャアファル=ゴリー (Ja'far Qoli), レザー=ジョウズダーニー (Reza Jowzdani) らの盗賊行為をやめさせるためのいかなることもなさなかった。それは，条約によってヨーロッパ諸国に与えられたところの一定の司法権を没収しつつあった。テヘラーンではバーザールの一部が閉鎖され，数百名がマスジェデ=シャーおよびシャー=アブドルアズィーム廟に避難し立てこもった。事態は，包囲攻撃を宣する必要が生じるまでに立ち至った (*IPD* vol. 5, pp. 807-808)。

3 世界大戦の焦点としてのイラン

8月には4つの出来事が重なった。第1にバクーへのイギリス部隊の到達，第2にイラン領内へのインド側からの鉄道の延伸の決定，第3にサムサーモッサルタネの更迭，そして第4にイギリスによるクラスノヴォーツク占領である。順に見ていくことにしよう (*IPD* vol. 5, p. 808; *PGHS* vol. 1, p. 22)。

1918年3月3日，ソヴィエトとドイツおよびオーストリアとの間で講和条約（ブレスト=リトフスク条約）が結ばれてから，トランス=コーカサスにおいて事態は急展開した。ドイツがグルジアを占領し，トルコは時を移さずバクーへと進撃した (*PGHS* vol. 1, p. 22)。

バクーはいうまでもなく，カスピ海に面する戦略的要衝の地であるとともに油田の地でもある。油田を持たないドイツにとってのどから手が出るほどの存在である。この都市を獲得すればドイツ有利へと戦争の流れを変えることができるかもしれなかった。そこでドイツはブレスト=リトフスク条約締結後，バクー獲得を目指すこととなる。だが，同盟国トルコが一足先を越して進撃を開始して，7月末までにバクーを包囲した。

バクーのメンシェヴィキや社会革命党右派などはイギリスの援助を請うた(1)（[木村] 80ページ）。8月，ダンスターヴィル将軍 (Major General L. C. Dunsterville) 麾下のイギリス部隊（将軍の名前をとってダンスターフォースと呼ばれる）がアンザリーからバクーに到達したが，9月15日船で去ることを余儀なくされた。トルコが同市を占領したが，船はまったく確保していなかった。だが，彼らは

数週間のうちに占領地域を，北はダーゲスターンまで，南はイラン領アゼルバイジャン（カスピ海沿岸部も含む）まで広げた。そして，このようにしてイラン領アゼルバイジャンをトルコに従属するムスリム国家へと組織するための処置をとりつつあった (PGHS vol. 1, p. 22; [Swietochowski] pp. 137-138)。

このように述べれば，ダンスターフォース遠征は失敗であったかのような印象を読者に与えるかもしれないが，そうではなかった。すなわち，同遠征は，少なくともドイツの手にバクーの石油が渡るのを防ぐ役割を果たしたと考えられるからだ。

次に，イラン領内への鉄道の延伸の問題を一瞥しよう。2年前の1916年夏，インド政庁はバルーチスターンのヌシュキからイラン国境のミールジャーヴェまで鉄道を延伸しはじめた。これは，イランで生じうる好ましからざる事態に備えてのことであり，また，東ペルシャ哨兵線 (East Persia Cordon) への補給のためであった。この線をイラン領内のドズダーブ（現ザーヘダーン）まで延ばすこと，そして同線をさらにネまで延ばすための測量を仕上げることをイギリス政府が認可したのが，この1918年8月のことであった。

これもやはり，ロシア革命すなわち帝政ロシアの崩壊という激震の所産であり，いま少し特定して表現するならば，カスピ海沿岸地方への，そしてその先のインドへのトルコとドイツの脅威に鑑みてのことであった (PGHS vol. 1, p. 22)。

第3にサムサーモッサルタネの更迭についてである。これは8月3日のことであったが，彼はこれを拒否した。この間，タブリーズからのトルコの進撃は，予想されていたほど迅速でなく，上述の通りダンスターフォースがバクー遠征を行なっていた。

はるかヨーロッパの西部戦線においては，この8月頃には，情勢は協商側有利へと転じつつあった。すなわち，ブレスト＝リトフスク条約によって東部戦線から解放されたドイツが，春に西部戦線で大攻勢をかけたが，7月には協商側が反撃に成功していたのであった。加えて，パレスティナとブルガリアにおいてイギリスが成功を収めた。

サムサーモッサルタネは結局退き，より親イギリス的なヴォスーゴッドウレ

内閣がこれに代わったのだが、このことは、以上のような世界的大状況の反響にほかならなかった (*IPD* vol. 5, p. 808)。

最後に、イギリスによるクラスノヴォーツク占領である。上述のような響きの伝わり方については、カスピ海の西岸から東岸へという経路もあった。

トランス＝コーカサスでの事態の流れをみて、イギリス政府は、カスピ海東岸にありザカスピ鉄道のターミナルであるクラスノヴォーツク占領を命じた。これは8月末に達成された。また、イギリス海軍の派遣隊が蒸気船を確保した。

こうした措置によって、イギリスのカスピ海支配は、南岸の中心地アンザリーが確保されている限りにおいて保証され、トルコとドイツの軍事行動はこの海の西岸に限定されたのであった (*PGHS* vol. 1, p. 23)。

トルコがなぜこの時期カスピ海の東の彼方をみていたのか、簡単に説明することにしよう。

その直近の契機はメソポタミアとアラビアにおける敗北であったといえよう。敗れたトルコは、黒海、コーカサス、カスピ海、中央アジアという方向に活路を求めたのであった。コーカサスと中央アジアにはトルコ系の諸「民族」が居住している。すなわち、この方向への活路は、言語、「民族」の類縁性という現実的基礎に支えられており、汎トルコ主義という大いなる野望の表現でもあったのである。

中央アジアにおいてはブハラのアミール国がまだ消滅していなかったので、この地域全体で汎トルコ主義が顕在化し、トルコの軍事行動の基地となる可能性があった。この地域と長い国境線を接するイランは、当然のことながら平静ではいられなかった。イギリスもインドへの影響を懸念した ([Avery] pp. 198-199)。

4　英露協商，南ペルシャ＝ライフル隊，イランの独立

このように、イランのみならず周辺諸地域を含めて多くのことが、イランにおけるイギリスの地位が保たれているかどうかという点にかかっていた。このため、インド政庁はイランの政府と人々のイギリスへの信頼を回復させるよう

165

な政策を主張していた。これには2つの障害があった。1つは英露協商であり，いま1つは南ペルシャ＝ライフル隊である。

イギリス政府は同協商が一時的に失効しているとみなす，とすでに宣言していたし，また，「南ペルシャ＝ライフル隊」という名称を廃止し同部隊をイラン軍の一部として扱うことにやぶさかではなかった（ただし，戦争中はイギリス人将校は同部隊内にとどめておくべきだと強く主張した）。その見返りとして，イギリス政府は南イランにおける秩序回復にイラン政府が協力するよう求めた。

前述の通り，8月に前内閣よりも親イギリス的なヴォス＝ゴッドウレ政権が成立した。9月，同内閣は以上の2点に加えて，イランの独立，この3点に関するイギリスの政策を明言するよう強く求めた。その結果，11月23日，イギリス政府はイラン政府に次の通り保証した。

① イギリス政府はイランの独立に関する誓約をここに繰り返す。
② イギリス政府は英露協商が一時的に停止していると見なしており，それを更新する意図はまったくなく，その廃棄に向けて努力する。
③ 南ペルシャ＝ライフル隊は，すでに両政府によって合意された保障と留保が得られることを条件として，ファールス総督へと移管される。

(*PGHS* vol. 1, p. 23)

ヴォス＝ゴッドウレは，国内の治安問題に大きな成果を上げた。すなわち，まず第1に，彼は懲罰委員会を処理した。暗殺犯の一部は絞首刑に処せられ，間接的な関与にとどまった者たちも国外追放された。第2に，彼はエスファハーン地方の盗賊ジャアファル＝ゴリーとレザー＝ジョウズダーニーの殲滅に成功した。これは，バフティヤーリーの一族の者を知事にし，南ペルシャ＝ライフル隊の砲兵隊の助けを得た上でのことであった (*IPD* vol. 5, p. 808)。

国内の治安維持問題といえば，ブーシェフル＝シーラーズ道の問題がある。この道路を通行可能にするための準備が6月に着手され，9月中頃に整った。だが，反逆的なハーンたちは依然として大胆不敵で，交渉の提案をすべて拒否した。このため，イギリスの部隊が派遣されることとなった。この軍事行動は

政府の是認と支持を得ていた。

　9月26日，ブーシェフルから進撃が始まった。これは，軽便鉄道敷設と道路建設の工事をともなって行なわれた。軍事行動は年末に完了することができると期待されていた。ところが，工事が難渋し，加えてインフルエンザの大流行（世界的に大流行したいわゆるスペイン風邪）もあったため，予定通りに行かなくなってしまった（*PGHS* vol. 1, p. 23; *PGTR* Bushire vol. 2, 1918/19, p. 1）。

5　大戦終結後も終わらなかった戦争

　1918年10月30日，協商側とトルコとのあいだでムドロス休戦協定が結ばれた。これによって協商側は黒海へ自由にアクセスできるようになり，バクーとバツーム（黒海沿岸の町）を占領し，そしてトルコ軍に，イランからの撤退を要求した。タブリーズの南に居たトルコ軍は徐々に自らの領土へと戻っていった（*IPD* vol. 5, p. 808; *PGHS* vol. 1, p. 23）。

　11月11日，ドイツと協商側との休戦協定がパリ北東のコンピエーニュの森で調印された。通常，これをもって第一次世界大戦の終結とみなされる。だが，イランでは戦争が終わったとはいえなかった。イギリスとロシアの軍隊が国土のかなりの部分を支配していた。カスピ海沿岸にはジャンギャリーという「不安定要素」が存在した。中央政府の力はきわめて弱く，イギリスからの月々の助成金なくしてはそれなりの機能さえ果たしえなかったことであろう。西部を中心に人々は飢饉に苦しんでいた。ここでは，これら領土的統合と国家維持金融（もはや財政という言葉はふさわしくないように思う）と飢饉，この3つの問題について，ここに至る1年ほどの経緯を見ていくことにしよう。

　領土的統合については，すでに1918年3月3日のブレスト＝リトフスク条約に次のように明記されている（第7条）。

　　ペルシャとアフガニスタンとが自由で独立した国家であることに鑑み，本条
　　約締結当事国は，これら両国の政治的・経済的独立と領土的統合とを尊重す
　　ることを約束する。　　　　　　　　　　（*ДВПСССР* т. 1, с. 123）

これは,モストウフィヨルママーレクが,そしてのちにはケルマーンシャーにおけるイラン民族主義者の臨時政府が同盟側と結ぼうとした秘密協定の精神を反映するものであった([Avery] pp. 200-201)。

　また,1918年1月,イギリスはアメリカに,戦後にイラン政府に対して領土的統合の尊重などを宣言するという点でイギリスとフランスに加わらないか,と呼びかけている。

　同じ頃,イギリスはアメリカに,金融的観点からイランを援助することについての打診も行なっている。具体的にはそれは,「銀の貸出」という形であった。そのためにアメリカはイギリスよりも良い立場にあるというのである。イランは銀貨圏であったから,イギリスとしてもまずは金ではなく銀が確保できるかどうかを心配しなければならないのであった(*RDSRIAP* reel 18, 891. 51/211 : 15 February 1918)。

　そして飢饉である。同年4月7日,イラン駐在アメリカ公使コルドウェル(Caldwell)は本国国務長官宛に次のように打電している(短いので,宛名や署名を除いた本文というべき部分をすべて訳出しておく)。

　ペルシャ政府は,アメリカ合衆国がペルシャに対して100万トマーン(現在の為替相場で約2万ドル)の借款——その全額が,ペルシャにおける飢饉の救済の目的にのみ使われ,私の直接的管理下に置かれる——を供与するかどうか確かめるよう私に要請している。私は,この要請を真剣に検討し,可能ならばこれに応じることが大変有益な効果を有するのみならず,大変人道的な行為であり,現下の恐ろしい状況を改善することになる,と心よりお勧め申し上げる次第である。電信での返答を請う。
　　　　　　　　　　　　　(*RDSRIAP* reel 18, 891. 51/212 : 7 April 1918)

　領土的統合と国家維持金融との組み合わせは,19世紀末の外国からの借款にまで遡ることができようが,大戦末に,飢饉がこれに加わるに至ったのである。

6　ヒジャーズ助成金と「ペルシャ助成金」

　目をアラビア半島のヒジャーズに転じよう。前章で述べた通り，ここでも資金が不足していた。
　1918年1月3日，カイロのウィンゲートは，本国外務省宛に，ジッダのゲラトリー＝ハンキーが，すでに認可された月々の助成金1万8000ポンド以外に5万ポンド必要としている，と打電している（*RH* vol. 7, p. 555）。
　ヒジャーズで必要とされていたのは，これも前章で述べた通り，銀よりも金であった。イギリスにとって当てにできるのは，エジプトにおける金の唯一の利用可能な源泉たるエジプト国民銀行発券部におけるそれであった。同行同部の金のうち，すでに300万ポンド以上が軍事的政治的目的のために引き出され，残るは67万ポンドとなっていた。これに対して発券高は3100万ポンドにのぼり，したがって，金準備の枯渇が憂慮された（*RH* vol. 7, p. 557）。
　イギリス政府は前年の8月に，エジプトが貢献すべきは，最大限で10万ポンドということで合意していた。だが，この時点以後引き出された額は62万ポンドにのぼる。内7万6000ポンドは1月分の「ヒジャーズ助成金（Hedjaz subsidy）」であった。実は，ヒジャーズ助成金を含むこのような必要資金の内40万ポンドをイギリスが金で肩代わりすることになっていたが，まだエジプトに届いていなかった。
　このように，イギリスは資金の工面に苦労していた。ジッダのイギリス当局者たちは，ゲラトリー＝ハンキー商会のインド国民銀行における口座を利用して，ヒジャーズ助成金としての5万ポンドをボンベイ宛に振り出してもよいか，インド省にたずねた（*RH* vol. 7, p. 566）。
　これをインド省から知らされた財務省は2月2日，これに応えて次のように打電している。

　もしインド政庁が，要求された金額75万ルピーをインド国民銀行におけるゲラトリー＝ハンキーの勘定の貸方に支払うならば，わが上司たちは，150万

1937オンスの銀——それはインド政庁の在サンフランシスコ代理人たちに渡され，現在（必要とあらば）ペルシャへ向けて積みかえるためにインドへと運ばれている——から，貸し出された75万ルピーを造幣するために必要な額の銀を，そのような造幣の費用をカヴァーするための追加的金額とともに手放す用意がある。　　　　　　　　　　　　　　　　(*RH* vol. 7, p. 566)

以上で，ヒジャーズへの資金供与とイランへのそれ（これをヒジャーズ助成金という表現にならって「ペルシャ助成金」と名づけることができよう）とが1つの文脈に収まっている。筆者はここに，世界金融史的観点からみた，今日的な意味での中東の成立を見出すものである。

注
（1）　*PGHS* vol. 1, p. 22では，イギリスの援助を請うたのは，「バクーの地方のボルシェヴィキ＝アルメニア政府」となっている。

参考文献

〈未公刊史料や史料集とその略号〉

AB: *The Arab Bulletin*, 4 vols., Archive Editions, Gerrards Cross, Bucks., 1986.

BBME: *The British Bank of the Middle East Archives*, HSBC Bank plc, London.

BDFA (*IB*): Gillard, David, Kenneth Bourne, and Donald Cameron Watt, *British Documents on Foreign Affairs, part I From the Mid-Nineteenth Century to the First World War, series B The Near and Middle East, 1856-1914*, 20 vols., University Publications of America, n. p., c. 1984-1985.

BIP: *British Intelligence on Persia* (*Iran*) *c. 1900-1948*, 515 microfiche, IDC Publishers, Leiden, 2004.

DNB: Legg, Leopold George Wickham and Edgar Trevor Williams, *Dictionary of National Biography, 1941-1950*, Oxford University Press, Oxford, 1959.

DNME: Hurewitz, Jacob Coleman, *Diplomacy in the Near and Middle East*, 2 vols., Van Nostrand, New York, 1956.

ДВПСССР: Министерство Иностранных Дел СССР, *Документы Внешней Политики СССР*, 21 т., Издательство Политической Литературы, Москва, 1957-1977.

FO: *Records Created and Inherited by the Foreign Office*, The National Archives, Richimond, Surrey.

IPD: Burrell, Robert Michael and Robert L. Jarman, *Iran Political Diaries, 1881-1965*, 14vols., Archive Editions, n. p., 1997.

PDPG: *Political Diaries of the Persian Gulf*, 19 vols., Archive Editions, n. p., 1990.

PGAR: *The Persian Gulf Administration Reports, 1873-1947*, 10 vols., Archive Editions, Gerrards Cross, Bucks., 1986.

PGHS: *The Persian Gulf Historical Summaries, 1907-1953*, 4 vols., Archive Editions, Gerrards Cross, Bucks., 1987.

PGTR: *The Persian Gulf Trade Reports, 1905-1940*, 8 vols., Archive Editions, n. p., 1987.

RDSRIAP: *Records of the Department of State Relating to Internal Affairs of Persia, 1910-1929*, 37 reels, National Archives and Records Service, Washington, 1968.

RH: Burdett, Anita L. P., *Records of the Hijaz*, 8 vols., Archive Editions, n. p., 1996.

〈上記以外〉

Adam, Colin Gurdon Forbes, "Lloyd, George Ambrose," Legg, Leopold George Wickham and Edgar Trevor Wiliams, *Dictionary of National Biography, 1941-1950*, Oxford University Press, Oxford, 1959, pp. 512-514.

Adamec, Ludwig W., *The Historical Dictionary of Afghanistan*, second edition, Scarecrow, Lanham, Md., 1997.

Ананьич, Борис Васильевич, *Российское Самодержавие И Вывоз Капиталов, 1895-1914 гг.*, Наука, Ленинград, 1975.

Atabaki, Touraj, *Iran and the First World War*, I. B. Tauris, London, 2006.

Avery, Peter, *Modern Iran*, Ernest Benn, London, 1965.

Bank-e Melli-ye Iran, *Tarikhche-ye Sisale-ye Bank-e Melli-ye Iran, 1307-1337*, n. p., n. p., n. d.

Bast, Oliver, *Les Allemands en Perse pendant la Première Guerre Mondiale*, Peeters, Paris, 1997.

Bell, Florence, *The Letters of Gertrude Bell*, 2 vols., Ernest Benn, London, 1927.

Blake, George, *Gellatly's, 1862-1962*, Blackie, London, 1962.

Brice, William C., *An Historicasl Atlas of Islam*, E. J. Brill, Leiden, 1981.

Browne, Edward G., *The Persian Revolution of 1905-1909*, Cambridge University Press, Cambridge, 1910.

Carter, Lionel, *Chronicles of British Business in Asia, 1850-1960*, Manohar, New Dehli, 2002.

Cronin, Stephanie, *The Army and the Creation of the Pahlavi State in Iran, 1910-1926*, I. B. Tauris, London, 1997.

―――, "Gendarmerie," Ehsan Yarshater, *Encyclopœdia Iranica*, Bibliotheca Persica Press, New York, 2000, vol. 10, pp. 398-405.

Digard, J.-P., "Baḵtīārī Tribe i. Ethnography," Ehsan Yarshater, *Encyclopœdia Iranica*, Routledge & Kegan Paul, London, 1988, vol. 3, pp. 553-559.

Ettehadiye (Nezammafi), Mansure, "List-e Siyah-e Iran dar Jang-e Jahani-ye Avval, 1914-1918," *Negin*, no. 146, 2536 Sh., pp. 31-34.

Ferrier, R. W., *The History of the British Petroleum Company* vol. 1 *The Developing Years 1901-1932*, Cambridge University Press, Cambridge, 1982.

Fromkin, David, *A Peace to End All Peace*, H. Holt, New York, 1989（平野勇夫・椋田直子・畑長年訳『平和を破滅させた和平』紀伊国屋書店, 2004年）.

Hurewitz, J. C., *Diplomacy in the Near and Middle East*, Van Nostrand, New York, 1956.
石井寛治「イギリス植民地銀行群の再編」『経済学論集』第45巻第1号，1984年，19〜60ページ，同第3号，同年，17〜64ページ。
Issawi, Charles, *The Economic History of Iran, 1800-1914*, The University of Chicago Press, Chicago, 1971.
―――, *The Economic History of Turkey, 1800-1914*, The University of Chicago Press, Chicago, 1980.
―――, *The Fertile Crescent, 1800-1914*, Oxford University Press, Oxford, 1988.
板垣雄三「第一次世界大戦とアラブ地域」荒松雄（他）編『岩波講座世界歴史　第24巻（現代1）第一次世界大戦』岩波書店，1970年，219〜239ページ。
Jones, Geoffrey, *The History of The British Bank of the Middle East* vol. 1 *Banking and Empire in Iran*, Cambridge University Press, Cambridge, 1986.
Kazemzadeh, Firuz, *Russia and Britain in Persia, 1864-1914*, Yale University Press, New Haven, 1968.
木村英亮「ザカフカージェにおけるソヴェト権力の成立」木村英亮・山本敏『世界現代史30　ソ連現代史Ⅱ』山川出版社，1979年，69〜85ページ。
Kleiss, Wolfram, "Faraḥābād," Ehsan Yarshater, *Encyclopædia Iranica*, Bibliotheca Persica Press, New York, 1999, vol. 9, pp. 233-234.
Majd, Mohammad Qoli, *Persia in World War I and Its Conquest by Great Britain*, University Press of America, Lanham, Md., 2003.
McLean, David, *Britain and Her Buffer State*, Royal Historical Society, London, 1979.
水田正史『近代イラン金融史研究――利権／銀行／英露の角逐』ミネルヴァ書房，2003年。
長沢栄治「現代アラブの国家と社会」佐藤次高編『新版世界各国史8　西アジア史①アラブ』山川出版社，2002年，452〜527ページ。
National Bank of Egypt (al-Bank al-Ahli al-Misri), *National Bank of Egypt, 1898-1948*, for private circulation, np., nd.
岡野内正「インペリアル・オットマン・バンクについての覚書」『経済学論叢』第35巻第1号，1984年，75〜104ページ。
Olson, W. J., *Anglo-Iranian Relations during World War I*, Frank Cass, London, 1984.
Planhol, Xavier De, "Būšehr i. The City," Ehsan Yarshater, *Encyclopædia Iranica*, Routledge & Kegan Paul, London, 1990, vol. 4, pp. 569-572.
Rabino, H. L., *Mazandaran and Astarabad*, Luzac, London, 1928.

Rouhani, Fuad, "D'Arcy," Ehsan Yarshater, *Encyclopædia Iranica*, Mazda Publishers, Costa Mesa, Calif., 1994, vol. 7, pp. 23-25.
Safiri, Floreeda, "Cox," Ehsan Yarshater, *Encyclopædia Iranica*, Mazda Publishers, Costa Mesa, Calif., 1993, vol. 6, pp. 388-390.
Shuster, W. Morgan, *The Strangling of Persia : A Record of European Diplomacy and Oriental Intrigue*, T. Fisher Unwin, London, 1912.
Simkin, Jay Edward, "Anglo-Russian Relations in Persia, 1914-1921," Unpublished PhD Thesis, The London School of Economics and Political Science, 1978.
Swietochowski, Tadeusz, *Russian Azerbaijan, 1905-1920*, Cambridge University Press, Cambridge, 1985.
Sykes, Percy, *A History of Persia*, 2 vols., Macmillan, London, 1915.
The Times, London.
Wright, Denis, *The English amongst the Persians*, Heinemann, London, 1977.
吉井武史(a)「第一次世界大戦下イランにおける民族防衛委員会の活動について」未公刊修士論文,関西大学,1986年。
―――(b)「第1次世界大戦期イランにおける民族防衛委員会の活動について」『史泉』第64号,1986年,1~17ページ。

人名索引

ア 行

アーガーヤーン　*125, 127*
アスム＝ベイ　*109*
アッバース1世　*46*
アブー＝カースィム　*132, 147*
アブドゥッラー, アミール　*69, 137, 138*
アブドゥルアズィーズ　*5, 7, 8, 12-14, 51, 66-71, 82-88, 90-92*
アミーノッザルブ　*36*
アミール　*62*
アラーオッサルタネ　*15, 94, 108*
アラビアのロレンス　*61*
アラブ人たちの王　*12, 13, 84, 85*
イブン＝サウード　*51, 90*
イブン＝ラシード　*8, 12-14, 68, 69, 84, 91, 92*
ヴァスムス　*6, 61, 71, 72*
ウィルソン　*137, 138*
ウィンゲート　*21, 22, 137, 138, 145-147, 159, 169*
ヴォスーゴッドウレ　*15, 25, 93, 94, 164, 166*
ウチャコフ　*39*
ウッド　*106, 113, 115, 116*
エイノッドウレ　*15, 16, 72, 94, 106-110, 112-116*
エッテハーディーイェ　*19, 20, 125-127*
エドヴァル　*74*

カ 行

カーゾン　*59, 66*
グラハム　*147*
グレイ　*5, 41, 47, 52, 122, 134, 136*
ケインズ　*122*

コーンウォリス　*135, 136*
コックス　*7, 8, 12, 13, 66, 67, 70, 82, 84, 85, 88, 90, 91, 123*
コルドウェル　*168*
コロストヴェッツ　*52*

サ 行

サアドッドウレ　*16, 106-110*
ザーヒル＝シャー　*62*
サイクス, パースィー　*10, 78*
サゾノフ　*5, 52, 64, 120*
サムサーモッサルタネ　*24, 25, 109, 162-164*
サルダール＝モオタゼド　*38*
シーラーズィー, アブドッラフマーン　*127*
シェークスピア　*7, 8, 66-69*
シャー（イラン国王）　*9, 73, 74, 108-110*
ジャービル, シャイフ　*85, 87*
ジャアファル＝ゴリー　*24, 163, 166*
ジャクソン, トーマス　*124*
シャスター　*57*
シャリーフ　*8, 11-14, 22, 51, 67-69, 81-85, 89, 91, 92, 130, 132-135, 138-140, 142, 145, 147, 151, 158, 159*
シューネマン　*71*
ジョウズダーニー, レザー　*24, 163, 166*
ショジャーオッドウレ　*5, 48, 51, 52, 71*
ゼッロッソルターン　*2, 3, 40, 42-46*
セパフサーラール　*10, 123*
セパフダール　*32, 33, 35, 44, 45, 78*
ソルターン＝アブドルマジード　*114*

タ 行

タウンリー　*30, 41, 43, 46, 52, 98, 99*

175

ダンスターヴィル　24, 163
チェンバレン　122
ツークマイヤー　62

　　　　ナ　行

ナーセロッディーン＝シャー　42, 43
ニーダマイヤー　6, 61, 62
ネエマトッラー　31

　　　　ハ　行

バーヌーイェ＝オズマー　2, 44, 45
ハズアル, シャイフ　7, 55, 56, 59, 66, 67, 85
バッハ　106-109
バラトフ　78, 93, 94
バルフォア　22, 146, 152
ヒジャーズ（の）王　12, 14, 92
ヒジャーズ国王（Roi du Hedjaz）159
ビチャラコフ　162
ファルマーンファルマー　10, 38, 72, 74, 78, 109
フィルビー　14, 92
ブキャナン　52, 120
ブヒン　44, 71
ブレモン　138
プロズクヴィッチ　107
ベートマン＝ホルヴェーク　62
ペルシャのヴァスムス　61
ベンケンドルフ　121, 122

ヘンティッヒ　6, 61, 62

　　　　マ　行

マーリング　105, 106, 113, 115, 116, 120, 121,
　　126
マクマホン　130, 134, 136
マクリーン　100, 102, 105, 112
マクローリン　147
マリア＝テレサ　131
ミールザー＝マスウード＝ハーン　34
ムスタファ＝ケマル＝パシャ　14, 93
ムバーラク, シャイフ　7, 51, 67, 90
ムハンマド　5
メリル　99, 107
モイーノルヴェザーレ　108
モオタメノルモルク　112, 113
モシーロッドウレ　101, 106
モストウフィヨルママーレク　15, 23, 24, 56, 73,
　　94, 161, 162, 168
モフベロッサルタネ　99, 100

　　　　ヤ　行

ヤルマション　57
ライーソットジャール　36
ロイス　17, 112
ロイド, ジョージ　22, 136-138, 140-142, 145
　　-152, 159

事項索引

ア 行

アーバーダーン　59, 67
アジア　3, 41
アシュハーバード　37
アジュマーン族　69, 90, 91
アスタラバード　33-35, 44
アゼルバイジャン　1, 4, 5, 24, 31, 32, 37, 44, 47-49, 51, 52, 71, 99, 161, 164
アデン　12, 21, 132, 145, 146, 154
アトラク川　35
アナトリア　11, 49, 80, 81
アフヴァーズ　6, 38, 59
アフヴァーズ＝エスファハーン間道路　3, 45
アフガニスタン　6, 23, 41, 61, 62, 65, 66, 161, 167
アミール国　165
アメリカ　26, 57, 58, 107, 168
アライアンス銀行　150
アラビア　8, 14, 20, 50, 69, 70, 82, 89, 91, 129, 165, 169
アラビア半島　4, 50, 83, 88
アラブ　55, 56, 59
アラブ局　135, 147, 153, 154
アラブの反乱　5, 11, 12, 51, 81, 82, 156
アラベスターン　43, 74, 99
アルダハン　49
アルダビール　99
アルティク　37
アルビール　79
アルメニア　48
アルメニア人　33
アレクサンドリア　134-136, 147
アングロ＝ペルシャ石油会社　6, 7, 45, 66, 71

アンザリー　9, 24, 33, 73, 99, 107, 161-163, 165
イースタン銀行　136, 146
イェルサレム　81
イギリス　1-26, 29, 30, 36, 39, 42, 43, 45, 46, 49-52, 56, 58-74, 77-89, 91-95, 97-106, 110-112, 116, 117, 119-123, 125-130, 132-142, 145, 146, 148-150, 153, 156-159, 161-163, 165-169
イギリス＝イラン間合意　105
イギリス＝インド蒸気船航行会社　141
イギリス＝ロシア間合意　19
イギリス系海外銀行　97
イギリス帝国　7
イスタンブル　7, 48, 83, 155
イタリア　41, 57, 81
イマーム＝レザー廟　31
イラク　5, 11, 51, 59, 60, 77, 80, 81
イラン＝メソポタミア境界　14, 93
イラン帝国銀行　37
インド　6, 7, 11, 19, 20, 23, 25-27, 30, 50, 59-61, 63, 67, 77, 79, 97, 119, 125, 132, 133, 139, 145, 146, 149, 150, 154, 156, 162-164, 170
インド国民銀行　26, 146, 154
インド省　70, 130, 169
インド政庁　25, 27, 149, 154, 164, 165, 169, 170
インド副王　59, 66, 70
インド洋　61
ヴァン湖　80
ウジャイル　12, 85
英露協商　25, 39, 41, 42, 46, 63, 64, 166
エジプト　4, 23, 49, 50, 131-134, 142, 150, 154, 159, 169
エジプト高等弁務官　130, 145, 147, 148
エジプト国民銀行　21, 23, 26, 137, 140, 142, 146, 153, 169
エスファハーン　2-4, 9, 10, 24, 26, 38, 40, 42-44,

177

46, 47, 65, 71-74, 92, 99, 162, 166
エスラーミーイェ社　125
エッテハーディーイェ社　19, 20, 125
エラーク　43
エルズルム　80
オーストラリア　141
オーストリア　1, 8, 24, 30, 41, 74, 161, 163
オーストリア人　63, 71
オシュヌー　32
オスマン　83, 132
オスマン帝国　4, 5, 11, 48-50, 61, 63, 64, 79, 97, 155
オスマン＝トルコ　50, 59
オスマン＝トルコ帝国　77, 81
オスマン＝リラ　153
オマーン湾　62
オラービーの反乱　50
オランダ　131
オルーミーイェ　47, 94
オルーミーイェ湖　5, 52, 93

カ　行

ガーイェナート　36
カーイムマカーム　153
ガーエン　61
ガージャール朝　43
カーシャーン　10, 74
カールーン川　59
海峡　48, 64, 66
外国為替飢饉　121
外務局長　67
カイロ　23, 147, 153, 154, 159, 169
ガシュガーイー　55, 56
ガシュガーイー族　162
カスィーム　13, 69, 85, 91
ガズヴィーン　23, 24, 25, 73, 94, 99, 107, 109, 161, 162
カスピ海　24, 25, 163-165, 167
カティーフ　8, 68, 70
カラス　33
カリフ　51

ガリポリ軍事行動　11, 79
カルス　49
ギーラーン　1, 15, 29, 33, 94, 95
キャラーテ＝ナーデリーン　36
キャラジ　9, 73, 74
キャルギャンルード　33
休戦協定諸国　83
極東　141
銀ドル　131
金ピアストル　155
銀ピアストル　155
クウェート　13, 51, 83, 85-91
クウェート＝ダルバール　13, 85, 88, 89
グーチャーン　34, 36, 37
クートルアマーラ　6, 11, 20, 60, 79-81, 88, 92, 93, 126, 127
クテスィフォン　60
クラスノヴォーツク　25, 163, 165
グルジア　24, 163
クルシュ＝サー　155
クルシュ＝チュリュック　155
クルディスタン　79
クルド　47, 48
クレディ＝リヨネ　159
経済が政治に転化する瞬間　139
ゲラーン　18, 19, 120, 123-125
ゲラトリー＝ハンキー　140, 142, 169
ゲラトリー＝ハンキー商会　21-23, 26, 140-142, 145-147, 150-154, 157
ケルマーンシャー　9, 10, 38, 39, 72, 79, 92, 99, 107, 162, 168
紅海　129, 132, 141, 145
コーカサス　32, 49, 80, 123, 165
コーカサス戦線　14, 49, 92, 93
国立銀行　22, 37, 147
コサック　39
コサック旅団　5, 10, 52, 55, 72, 78, 107, 123
コスワジ＝ディンショー　22, 145
黒海　26, 165, 167
国庫ジャンダルメリー　56, 57
ゴミーシェ　2, 40
ゴミーシェ＝プーデ事件　41, 44

ゴム　10, 74
混合金融委員会　10, 78
コンスタンティノープル　7, 63, 64, 66
コンスタンティノープル協定　7, 63, 66
ゴンバデ＝カーブース　33
コンピエーニュの森　26, 167

　　　　サ　行

サーヴェ　74
サーヴォジボラーグ　72
ザーヘダーン　164
サイクス＝ピコ協定　11, 22, 63, 80, 81, 152
サウード家　4, 5, 50, 51
サウディアラビア王国　4, 5, 50, 51
ザカスピ鉄道　25, 37, 165
サファヴィー朝　46, 47
サブゼヴァール　37
サライェヴォ　30
サライェヴォ事件　41
サワーキン　137, 141, 142
三月革命　15, 23, 161
サン＝ジャン＝ド＝モリエンヌ協定　63
サンフランシスコ　170
シーラーズ　6, 56, 60, 72, 74, 92, 99, 119, 127
シーラーズ道　61
シールヴァーン　37
ジッダ　22, 23, 68, 129-134, 136-138, 140, 141, 145-148, 150-154, 157, 158, 169
ジハード（聖戦）　8, 49, 67, 68, 83
資本主義的征服政策　32
シャー＝アブドルアズィーム　163
社会革命党　24
社会革命党右派　163
ジャッラブの戦い　83
ジャハーニヤーン社　125
ジャバル＝シャンマル族　84
ジャムシーディヤーン社　125
シャリーア　130, 135
シャリーフ　21
ジャンギャリー　15, 23, 24, 26, 29, 161, 162, 167
ジャンギャリー運動　95

ジャンダルメリー　6, 9, 55-58, 72, 74, 107
ジュバイル　8, 70
ジュラーブ　8, 69
シリア　4, 11-13, 49, 80-82, 85, 87, 131, 132, 134
シンガポール　131
ズィーグラー　113
スィースターン　36, 61
スウェーデン　57, 58, 72, 74, 99, 100, 107
スウェーデン人　6
スーダン　137, 141, 142, 154
スエズ運河　4, 49
スターリング　153
ズバイル　84
スペイン風邪　167
スルタン＝カリフ　49, 62, 64, 68, 83
西部・東部両戦線　73
政府ジャンダルメリー　56, 57
西部戦線　9, 25, 55, 73, 164
セミレチエ＝コサック　35
セルビア　30
1914年イギリス＝ロシア間合意　120-122
ソヴィエト　24, 62, 162, 163
ソヴリン　156-158
ゾルファガール　65
ソ連　62

　　　　タ　行

ダーゲスターン　24, 164
ダーダネルス海峡　60
ターレシュ　32, 33
第1開発会社　45
第13トルキスタン＝ライフル連隊　35
タシュケント　35
ダッレギャズ　34, 36, 37
タブリーズ　23, 25, 26, 31, 32, 58, 71, 161, 162, 164, 167
タンゲスターン　74
ダンスターフォース　24, 25, 123, 163, 164
地中海　81
チベット　41
チャータード銀行　21, 132, 140

チャトリー　33
中央アジア　1, 6, 8, 23, 35, 49, 61, 161, 165
駐在政治局員　86
駐在政務長　7, 12, 67, 88
チュニス　131
懲罰委員会　26, 93, 94
チリ　44
ティグリス川　15, 92, 94
帝国オスマン銀行　20-22, 146, 147, 149-152
（帝国）オスマン銀行　129, 130, 132-138
ティフリス　31
テヘラーン　6, 9, 10, 15, 17, 20, 23, 30, 33, 34, 38, 40, 45, 57, 60, 73, 74, 78, 93, 99, 102, 106-108, 112, 126, 127, 161, 163
ドイツ　1-3, 6, 8, 9, 16, 17, 19, 24-26, 30, 40, 41, 43-45, 47, 49, 55, 58, 60-63, 71-74, 78-80, 83, 97, 99, 100, 106-112, 115, 117, 125, 126, 161, 163-165, 167
統一進歩団　48, 49
東部戦線　9, 55, 164
トゥマニャンツ社　125
ドズダーブ　164
トナカーボン　33
トビリスィ　31
トランス＝コーカサス　4, 48, 49, 163, 165
トルキスタン　35, 49
トルコ　1, 2, 4-6, 8, 10, 11, 14, 16, 19-21, 23-26, 29, 31, 32, 39, 47-49, 51, 52, 55, 59, 60, 64, 67-71, 74, 78-81, 83, 91-94, 108-110, 125-127, 132 -136, 155, 157, 158, 161-165, 167
トルコ＝イラン国境　10
トルコ＝リラ　155, 156
トルコ軍　9
トルコ借款　133
トルコ鉄道利権　133

ナ 行

ナジュド　4, 5, 8, 12, 13, 50, 51, 66, 69, 70, 82, 84, 85, 90, 156
ナポレオン　153, 156
日英同盟　30

日本　30, 131
ヌシュキ　25, 61, 164
ネ　164
望ましくない形態の世界市民的金融　21, 133, 136

ハ 行

ハーイル　4, 12-14, 50, 84, 85, 87, 91, 92
バージギーラーン　36, 37
ハーシム家　4, 5, 8, 50, 51
ハーネギーン　39
バーレーン　69
バクー　24-26, 161, 163, 164, 167
バクダード　6, 9, 10, 24, 38, 39, 60, 79-81, 93
バクダード＝ケルマーンシャールート　2, 38, 39
バクダード鉄道　11, 60, 79, 80, 133
ハサー　5, 8, 51, 69, 70
パシュトゥン人　62
バスラ　6, 13, 59, 60, 81, 85, 91, 136, 137
バツーム　26, 167
バフティヤーリー　3, 55, 56, 72, 109, 166
バフティヤーリー（族）　2, 43, 45, 46
バフティヤーリー道路　45
ハマダーン　11, 39, 80, 161, 162
パリ　26
バルーチスターン　25, 61, 62, 164
バルカン　64
ハルトゥーム　137, 141
パレスティナ　25, 81, 164
パレスティナ問題　77, 81
バンダレ＝ギャズ　33
汎トルコ主義　4, 11, 49, 80, 165
汎トルコ主義者　50
ピアストル　156, 158
ビールジャンド　61
ビール商会　142
東アフリカ　146
東ペルシャ哨兵線　61, 63, 164
東ペルシャ野戦軍　63
東ヨーロッパ　62

180

ヒジャーズ 5, 12, 21, 23, 26, 27, 50, 51, 69, 82, 83, 85, 91, 92, 129, 131-134, 136, 137, 140, 142, 145, 147, 149, 154-159, 169, 170
ヒジャーズ国立銀行 22, 148-152
ヒジャーズ助成金 26, 169, 170
ヒジャーズ鉄道 83
ヒジャーズ独立銀行 21, 137
ビトリス 80, 93
ファールス 25, 43, 74, 78, 99, 100, 166
ファオ 6, 59, 60
ファラハーバード 108, 109
ブーシェフル 6, 38, 60, 61, 66, 72, 74, 122, 167
ブーシェフル＝シーラーズ道 78, 166
フーゼスターン 59
プーデ 2, 40
フサイン＝マクマホン書簡 5, 11, 51, 80, 81, 130
ブハラ 165
フランス 1, 11, 16, 19, 21, 23, 30, 57, 63, 64, 80, 81, 106, 110, 125, 132, 133, 136-140, 142, 145, 156, 159, 168
ブリティッシュ＝ペトロリアム 45
ブルガリア 25, 64, 164
ブレスト＝リトフスク条約 24, 26, 163, 164, 167
ペーパー＝ルーブル 18, 119-121
ペテルブルグ（ペトログラード） 63
ベルギー 30, 47
ペルシャ助成金 170
ペルシャ帝国銀行 16-19, 37, 72, 74, 78, 97, 101, 102, 105-111, 113-117, 120-125, 127, 128
ペルシャ割引貸付銀行 1-4, 17-19, 32, 36, 40-42, 101, 102, 117, 120, 121, 123, 125
ペルシャ湾 6, 7, 11, 38, 56, 59, 60, 66, 70, 79, 81, 99, 119, 156
ペルシャ湾駐在政務官 66
防衛同盟 78
ポート＝スーダン 141
ボールトン商会 150
ボジュヌールド 37
ボスニア 30
ボスポラス・ダーネルス両海峡 11, 64, 81

ホラーサーン 1, 34-37
ボルシェヴィキ 161
香港上海銀行 124, 127
ボンベイ 19, 67, 125, 154, 169

マ 行

マークー 31
マーザンダラーン 33
マクラーン 62
マシュハデ＝サル 33
マシュハド 31, 34, 37, 58
マシュハド＝アシュハーバード道路利権 36
マシュハド＝バージギーラーン道 34
マシュハド＝バージギーラーン荷馬車道路利権 37
マジュレス（国民会議） 9, 15, 17, 31, 37, 45, 57, 72, 73, 99-101, 112, 114, 116
マスウーディーイェ社 125
マスカット 66
マスジェデ＝シャー 163
マスジェデ＝ソレイマーン 45
マッサワ 154
マフディー主義者 141
マムレキャテ＝ファールス社 125, 127
マラーゲ 5, 52, 71
マラヴェ＝タッペ 33
マンジール 23, 162
マンチェスター 133
ミールジャーヴェ 25, 164
南ペルシャ＝ライフル隊 10, 15, 24, 25, 29, 78, 92, 93, 123, 162, 166
民主党 15, 23, 57, 58, 93, 94, 116, 161
ムガル蒸気船会社 141
ムシュ 80, 93
ムッラ 69
ムドロス休戦協定 26, 167
ムハンマド 51
ムンバイ 154
メジーディーイェ 155
メソポタミア 6, 10-12, 14, 15, 23, 39, 60, 69, 79-82, 84, 88, 91-94, 126, 136, 150, 155, 165

メソポタミア遠征軍　7
メソポタミア遠征部隊　67
メソポタミア境界地方　162
メソポタミア戦線　20, 92
メッカ　5, 8, 11, 12, 22, 50, 67, 68, 81, 82, 85, 130–132, 137, 142, 150, 157
メディナ　5, 50, 91, 131, 150
メンシェヴィキ　24, 163
モスクワ　62
モハージェラート　9, 10, 74
モハンマレ　7, 13, 38, 56, 85, 88, 90
モラトリアム　71, 79, 122

ヤ・ラ・ワ行

ヤズド　43, 65, 66
ヤンブー　158
ヨーロッパ　9, 17–19, 22, 25, 32, 35, 43, 73, 114, 119, 131, 145, 150, 163, 164
ヨーロッパ戦線　36
ヨルダン　5, 11, 51, 81
ヨルダン＝ハシェミット王国　51
ラービグ　158
ラシード家　4, 5, 8, 50, 51
ラシュト　24, 32, 33, 45, 58, 161, 162
ラパッロ条約　62
ラワーンドゥズ　79
立憲革命　31
リヤード　14, 50, 92
リンチ商会　45
リンチ道路　45
ルーブル　18, 19, 121, 123
ルーマニア　64
ルピー　131, 139, 156
レバノン　11, 81
ロシア　1–5, 7, 11, 14–16, 18, 19, 23, 24, 26, 29–37, 39–49, 51, 52, 55–58, 61, 63–66, 71, 73, 74, 77–81, 92–94, 98, 99, 101, 103–105, 107–110, 119–123, 125, 161, 167
ロシア＝アフガニスタン国境　65
ロシア革命　20, 95, 124, 127, 164
ロシア軍　10
ロル　47
ロンドン　20, 22, 123, 134, 146, 148, 150, 151
ロンドン＝カウンティー＝アンド＝ウェストミンスター銀行　123, 124
ロンドン協定　63
ロンドン取引銀行　124
ワッハーブ主義　83
ワッハーブ派　83

《著者紹介》

水田 正史（みずた・まさし）

大阪外国語大学大学院外国語学研究科修了
同志社大学大学院経済学研究科単位取得満期退学
富士大学経済学部専任講師などを経て
現　在　大阪商業大学総合経営学部教授，文学修士，博士（経済学）
著　書　『世界経済と南北問題』（分担執筆）ミネルヴァ書房，1990年
　　　　『世界経済史』（分担執筆）ミネルヴァ書房，1997年
　　　　『近代イラン金融史研究』ミネルヴァ書房，2003年

MINERVA 人文・社会科学叢書 ⑩
第一次世界大戦期のイラン金融
——中東経済の成立——

2010年4月30日　初版第1刷発行　　　　〈検印省略〉

定価はカバーに
表示しています

著　者　　水　田　正　史
発行者　　杉　田　啓　三
印刷者　　江　戸　宏　介

発行所　株式会社　ミネルヴァ書房
607-8494 京都市山科区日ノ岡堤谷町1
電話代表 (075)581-5191番
振替口座 01020-0-8076

© 水田正史，2010　　　　共同印刷工業・兼文堂

ISBN978-4-623-05747-4
Printed in Japan

近代イラン金融史研究
――利権/銀行/英露の角逐――
水田正史著　Ａ５判/224頁/本体3500円

近代イラン知識人の系譜
――タキーザーデ・その生涯とナショナリズム――
佐野東生著　四六判/400頁/本体3800円

イギリス帝国期の国家財政運営
――平時・戦時における財政政策と統計　1750-1915年――
藤田哲雄著　Ａ５判/456頁/本体7500円

世界戦争の時代とイギリス帝国
佐々木雄太編著　Ａ５判/394頁/本体3800円

オックスフォード ヨーロッパ近代史
T. C. W. ブランニング編著
望田幸男・山田史郎監訳　Ａ５判/380頁/本体4000円

西洋の歴史 [近現代編] 増補版
大下尚一他編　Ａ５判/368頁/本体2400円

西洋の歴史基本用語集 [近現代編]
望田幸男編　四六判/256頁/本体2000円

―― ミネルヴァ書房 ――
http://www.minervashobo.co.jp/